あるフェミニストのダークツーリズム

魔女狩りの地を訪ねて

Witch Hunt

A Traveler's Guide to the Power and Persecution of the Witch

クリステン・J・ソリー

松田和也 訳

青土社

Witch Hunt

A Traveler's Guide to the Power and Persecution of the Witch

by Kristen J. Sollée

Published arrangement with Red Wheel Weiser LLC

through Japan UNI Agency, Inc

魔女狩りの地を訪ねて

あるフェミニストのダークツーリズム

著者　クリステン・J・ソリー
訳者　松田 和也

2021 年 8 月 31 日　第一刷印刷
2021 年 9 月 10 日　第一刷発行

発行者　清水一人
発行所　青土社

〒 101-0051　東京都千代田区神田神保町 1-29　市瀬ビル
［電話］03-3291-9831（編集）　03-3294-7829（営業）
［振替］00190-7-192955

印刷・製本　ディグ
装画　ヒグチユウコ
装丁　大倉真一郎

ISBN978-4-7917-7407-4　Printed in Japan

トラベルガイド

France フランス

Paris パリ

Bibliothèque Nationale 国会図書館

Site Richelieu
58, rue de Richelieu
75002 Paris, France
www.bnf.fr/en/richelieu

Conciergerie コンシェルジュリー

2 Boulevard du Palais
75001 Paris, France
www.paris-conciergerie.fr/

Hôtel-de-Ville オテル・ド・ヴィル・ド・パリ（パリ市庁舎）

Place de l'Hôtel de Ville
75004 Paris, France

Louvre Museum ルーブル美術館

Rue de Rivoli
75001 Paris, France
www.louvre.fr/en

Notre-Dame de Paris　ノートルダム寺院

6 Parvis Notre-Dame Pl. Jean-Paul II
75004 Paris, France

Père Lachaise　ペール・ラシェーズ墓地

8 Boulevard de Ménilmontant
75020 Paris, France

Rouen　ルーアン

Church of Saint Joan of Arc　ジャンヌ・ダルク教会

Place du Vieux-Marché
76000 Rouen, France

Church of Saint Ouen　サン・トゥアン教会

Place du Général de Gaulle
76000 Rouen, France

Historial Jeanne d'Arc　ジャンヌ・ダルク歴史館

7 Rue Saint-Romain
76000 Rouen, France
www.historial-jeannedarc.fr/

La Cabine　ラ・カビーヌ

109 Rue Ganterie
76000 Rouen, France
www.jeanneadit.com/

Tower of Joan of Arc　ジャンヌ・ダルク塔

Rue Bouvreuil
76000 Rouen, France

Germany　ドイツ

Bamberg　バンベルク

Bamberg Tourismus & Kongress Service

バンベルク・ツーリズム・アンド・コングレス・サービス

Geyerswörthstraße 5
96047 Bamberg, Germany
"Death By Fire and the Hammer of the Witches" tour
https://en.bamberg.info/

Old Town Hall　旧市庁舎

Obere Brücke
96047 Bamberg, Germany

St. Hedwig's Apotheke　ザンクト・ヘートヴィヒ薬局

Franz-Ludwig-Straße 7
96047 Bamberg, Germany

Schönleinsplatz　シェーンラインプラッツ

96047 Bamberg, Germany

Zeiler Hexenturm　ツァイルの魔女の塔

Obere Torstraße 14
97475 Zeil am Main, Germany
www.zeiler-hexenturm.de/

Harz Mountains　ハルツ山地

Brockenhaus Museum　ブロッケンハウス博物館

Brockenplateau
38855 Wernigerode, Germany
www.brockenhaus-harz.de/

Harzer Schmalspurbahn Bahnhof Wernigerode-Westerntor　ハルツ狭軌鉄道駅ヴェルニゲローデ駅

Unter den Zindeln 3
38855 Wernigerode, Germany
www.hsb-wr.de/

Harzeum　ハルツェウム

Hexentanzplatz 3
06502 Thale, Germany

Obscurum Thale　オブスクルム・ターレ

Bahnhofstraße 1
06502 Thale, Germany
www.obscurum-thale.de/

Quedlinburg Rathaus　クヴェートリンブルク街役場

Markt 1
06484 Quedlinburg, Germany

Teufelsmauer　トイフェルスマウア（悪魔の壁）

06502 Thale, Germany

Ireland　アイルランド

Kilkenny Castle　キルケニー城

The Parade, Collegepark
Kilkenny, Ireland
http://kilkennycastle.ie/

Kyteler's Inn　キットラーズ・イン

27 St Kieran's St, Gardens
Kilkenny, Ireland
www.kytelersinn.com/

Medieval Mile Museum　メディヴァル・マイル博物館

2 St Mary's Ln, High St, Collegepark
Kilkenny, R95 ANW5, Ireland
www.medievalmilemuseum.ie/

PETRONELLA ペトロネラ

Butter Slip, Gardens
Kilkenny, Ireland
www.petronella.ie/

ST. CANICE'S CATHEDRAL & ROUND TOWER セント・カニス大聖堂とラウンドタワー

The Close, Coach Rd
Kilkenny, Ireland
www.stcanicescathedral.ie/

Italy イタリア

Capannori カパンノリ

OAK OF THE WITCHES 魔女のオーク

Villa Carrara
San Martino in Colle
55012 Capannori, Italy

Florence フィレンツェ

BAPTISTERY OF SAN GIOVANNI サン・ジョヴァンニ洗礼堂

Piazza San Giovanni
50122 Florence, Italy

Gelateria Artigianale La Strega Nocciola ラ・ストレガ・ノッキオーラ

Ponte Vecchio
Via de' Bardi, 51r
50125 Florence, Italy

La Soffitta delle Streghe ラ・ソフィッタ・デレ・ストレーゲ

Via Romana, 135r
50125 Florence, Italy

Palazzo Vecchio パラッツォ・ヴェッキオ

Piazza della Signoria
50122 Florence, Italy
www.musefirenze.it

San Miniato al Monte サン・ミニアート・アル・モンテ教会

Via delle Porte Sante, 34
50125 Florence, Italy

Sant'Ambrogio サンタンブロジオ

Via Giosuè Carducci, 1
50121 Florence, Italy

Uffizi Gallery ウフィツィ美術館

Piazzale degli Uffizi, 6
50122 Florence, Italy
www.uffizi.it

Genoa　ジェノヴァ

Palazzo Ducale　パラッツォ・ドゥカーレ

Piazza Giacomo Matteotti, 9
16123 Genoa, Italy

Porto Venere　ポルト・ヴェネーレ

Church of Saint Peter　聖ペトロ教会

Lungo Calata Doria
19025 Porto Venere, Italy

Riola　リオラ

Museo Internazionale dei Tarocchi　タロット国際博物館

Via Arturo Palmieri, 5/1 Riola
40038 Vergato, Italy
www.museodeitarocchi.net/

Siena　シエナ

Basilica of San Domenico　サン・ドメニコのバシリカ

Piazza San Domenico, 1
53100 Siena, Italy

Piazza del Campo　ピアッツァ・デル・カンポ

Il Campo
53100 Siena, Italy

Siena Duomo　シエナ・ドゥオーモ

Piazza del Duomo, 8
53100 Siena, Italy

Triora　トリオーラ

Museo Etnostorico della Stregoneria

ムゼオ・エトノストリコ・デラ・ストレゴネリア

Piazza Tommaso Beato Reggio
18010 Triora, Italy
http://mestriora.it

Museo di Triora Etnografico E Della Stregoneria

ムゼオ・ディ・トリオーラ・エトノグラフィコ・エ・デラ・ストレゴネリア

Corso Italia 1
18010 Triora, Italy
www.museotriora.it/

San Bernadino Church　聖ベルナルディーノ教会

18010 Triora, Italy

Vatican City　ヴァティカン市国

The Vatican　ヴァティカン

00120 Vatican City, Italy
www.vatican.va
www.museivaticani.va

United Kingdom　連合王国

Edinburgh　エディンバラ

Edinburgh Castle　エディンバラ城

Castlehill
Edinburgh EH1 2NG
United Kingdom

National Museum of Scotland　スコットランド国立博物館

Chambers Street
Edinburgh, EH1 1JF
United Kingdom
www.nms.ac.uk/national-museum-of-scotland/

Palace of Holyrood House　ホリールード宮殿

Canongate
Edinburgh EH8 8DX
United Kingdom
www.rct.uk/visit/palace-of-holyroodhouse

The Witchery by the Castle ザ・ウィッチャリー・バイ・ザ・キャッスル

352 Castlehill
Edinburgh EH1 2NF
United Kingdom
www.thewitchery.com/

The Witches' Well 魔女の井戸

555 Castlehill
Edinburgh EH1 2ND
United Kingdom

Lancashire ランカシャー

Alice Nutter memorial statue アリス・ナッター記念像

Roughlee, Nelson
BB9 6NS, United Kingdom

Clitheroe Castle クリザーロー城

Castle Hill, Clitheroe
BB7 1BA, United Kingdom

Lancaster Castle ランカスター城

Castle Grove, Lancaster
LA1 1YJ, United Kingdom
www.lancastercastle.com/

Pendle Heritage Center　ペンドル・ヘリテイジ・センター

Colne Rd, Barrowford, Burnley
BB9 6JQ, United Kingdom
www.pendleheritage.co.uk/

Samlesbury Hall　サムルズベリー・ホール

Preston New Rd, Samlesbury, Preston
PR5 0UP, United Kingdom
www.samlesburyhall.co.uk/

St. Mary's Church　セント・メアリ教会

5 Cross Ln, Newchurch-in-Pendle, Burnley
BB12 9JR, United Kingdom
www.stmarysnewchurchinpendle.org.uk/

Witches Galore　ウィッチズ・ガロア

14 Newchurch Village, Newchurch-in-Pendle, Burnley
BB12 9JR, United Kingdom
www.witchesgalore.co.uk/

London　ロンドン

The Atlantis Bookshop　アトランティス書店

49A Museum St. Holborn
London WC1A 1LY
United Kingdom
http://theatlantisbookshop.com/

The British Museum 大英博物館

Great Russell St. Bloomsbury
London WC1B 3DG
United Kingdom
www.britishmuseum.org/

Chelsea Physic Garden チェルシー薬草園

66 Royal Hospital Rd. Chelsea
London SW3 4HS
United Kingdom
www.chelseaphysicgarden.co.uk/

The Mandrake Hotel マンドレイク・ホテル

20-21 Newman St. Fitzrovia
London W1T1PG
United Kingdom
www.themandrake.com/

Treadwell's Books トレッドウェルズ・ブックス

33 Store St. Fitzrovia
London WC1E 7BS
United Kingdom
www.treadwells-london.com/

Tyburn Tree タイバーン・トゥリー

Tyburnia, London W1H 7EL
London W1H7EL
United Kingdom

North Berwick　ノース・ベリック

St. Andrews Old Kirk　セント・アンドリューズ・オールド・カーク

27 Victoria Rd.
North Berwick EH39 4JL
United Kingdom

United States　アメリカ

Connecticut　コネチカット

Ancient Burying Ground　エインシャント・ベリイング・グラウンド

60 Gold St
Hartford, CT 06103
http://theancientburyingground.org/

Center Church: First Church of Christ　センター・チャーチ

60 Gold St
Hartford, CT 06103
https://centerchurchhartford.org/

Massachusetts　マサチューセッツ

Bewitched Statue　『奥様は魔女』像

235 Essex St.
Salem, MA 01970

The Burying Point　ベリイング・ポイント

Charter St.
Salem, MA 01970

Cry Innocent　「クライ・イノセント」

32 Derby Sq.
Salem, MA 01970
www.historyalivesalem.com/

HausWitch Home + Healing　魔女の家＋ヒーリング

144 Washington St.
Salem, MA 01970
https://hauswitchstore.com/

Hex: Old World Witchery　ヘックス：オールド・ワールド・ウィッチャリー

246 Essex St.
Salem, MA 01970
www.hexwitch.com/

Proctor's Ledge Memorial　プロクターズ・レッジ記念碑

7 Pope St.
Salem, MA 01970

Rebecca Nurse Homestead　レベッカ・ナース住居跡

149 Pine St.
Danvers, MA 01923
www.rebeccanurse.org/

Salem Witch Museum　セイラム魔女博物館

19 1/2 N Washington Square
Salem, MA 01970
https://salemwitchmuseum.com/

Salem Witch Trials Memorial　セイラム魔女裁判記念館

24 Liberty St.
Salem, MA 01970

Satanic Salem Walking Tour　サタニック・セイラム・ウォーキング・ツアー

Salem Art Gallery
64 Bridge St.
Salem, MA 01970
https://salemartgallery.com/

Witch Dungeon Museum　ウィッチ・ダンジョン博物館

16 Lynde St.
Salem, MA 01970
www.witchdungeon.com/

Witchcraft Victim's Memorial　魔女術犠牲者記念館

172 Hobart St.
Danvers, MA 01923

New York　ニューヨーク

The Brooklyn Museum　ブルックリン博物館

Elizabeth A. Sackler Center for Feminist Art
200 Eastern Pkwy.
Brooklyn, NY 11238
www.brooklynmuseum.org/eascfa

The Cornell University Witchcraft Collection　コーネル大学　魔女術コレクション

Carl A. Kroch Library
216 East Ave.
Ithaca, NY 14850
https://ebooks.library.cornell.edu/w/witch/

Catland Books　キャットランド・ブックス

987 Flushing Ave.
Brooklyn, NY 11206
www.catlandbooks.com/

Cult Party　カルト・パーティ

53 Waterbury St.
Brooklyn, NY 11206
https://cultpartynyc.com/

East Hampton Historical Society

イースト・ハンプトン歴史協会

101 Main St.
East Hampton, NY 11937
https://easthamptonhistory.org/

Enchantments　エンチャントメンツ

424 E 9th St.
New York, NY 10009
www.enchantmentsincnyc.com/

Lily Dale Museum　リリーデール博物館

16-18 Library St.
Lily Dale, NY 14752
https://lilydaleassembly.org/

Matilda Joslyn Gage Foundation & Museum

マティルダ・ジョスリン・ゲイジ財団&博物館

210 E Genesee St.
Fayetteville, NY 13066
https://matildajoslyngage.org/

South End　サウス・エンド・ベリイング墓地

34 James Ln.
East Hampton, NY 11937

Colonial Williamsburg コロニアル・ウィリアムズバーグ

101 Visitor Center Dr.
Williamsburg, VA 23185
www.colonialwilliamsburg.org/

Grace Sherwood Statue グレイス・シャーウッド像

4520-4540 N Witchduck Rd.
Virginia Beach, VA 23455

Historic Jamestowne ヒストリック・ジェイムズタウン

1368 Colonial Pkwy.
Jamestown, VA 23081
https://historicjamestowne.org/

Jamestown Settlement ジェイムズタウン・セトルメント

2110 Jamestown Rd.
Williamsburg, VA 23185
www.historyisfun.org/jamestown-settlement/

Old Donation Episcopal Church オールド・ドネーション・エピスコパル教会

The Historic Church, 4449 N Witchduck Rd.
Virginia Beach, VA 23455

魔女狩りの地を訪ねて

目次

＊書籍名、論文名について、邦訳のあるものは原題を省略し、邦訳のないものは初出時に原題を併記した。

魔女狩りの地を訪ねて

あるフェミニストのダークツーリズム

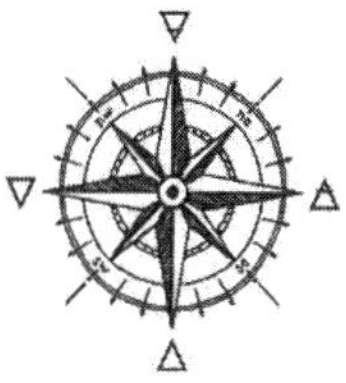

イントロダクション

魔女は旅人。彼女たちはいくつもの大陸を、文化を、時代を旅してきた。性とジェンダー、魔術と力に関する数千年におよぶ複雑な観念を携えて。そして魔女は私たちを旅人にした。私たちを神話と歴史の恐怖と驚異の旅へと誘ってくれる。時を超える元型《アーキタイプ》の魔女を探して、何世紀も前には焼き印を捺された魔女だった人々、そして今日では自らの意志で魔女を名乗る人々には、現実と比喩の旅が必要。本書『魔女狩りの地を訪ねて』はこの移り気な領域の案内書だ。

『魔女狩りの地を訪ねて』はヨーロッパと北アメリカの重要な場所を巡り、魔女の遺産を辿る。魔女は間違いなく世界中の文化に現れるけれど、私たちが西洋と呼ぶ不明瞭な概念上の地域内で最も大きな存在感を持っている魔女——男を誘惑し破滅させる怪物のような乙女、作物や家畜を殺そうと狂奔するサタン崇拝の女妖術師、子供たちを食べる恐ろしい老婆——は、古代の神話から生まれて中世に育ち、そして初期近代に盛りを迎えた。

一五世紀から一七世紀の間、何千人という人たちが魔女術の罪で告発され、拷問されて死んだ。人類史の中のこんな恐ろしいエピソードのトラベルガイドを編むというのは、デリケートな問題だ。

けれど私たちは、不可解だけど闇に惹かれる。私たちは勝利もしくは戦慄の感覚と共に、過ぎ去りし年月の剥き出しの弾圧を、言語に絶する虐待を踏査する――しばしば教育の名の下に。歴史上の弾圧の時代に浸る時、私たちはそれを美化して魅惑的に描いてしまう危険と直面する。それは現実の人々の苦痛とトラウマを軽視することにもなりかねない。先ず第一に、この本は魔女狩りの犠牲者たちの名誉を讃えることを目的としている。

だけどそれでも、魔女狩りのおどろおどろしい訴求力こそ、それが今もなお好奇心の対象として生き延びている理由でもあるのだ。狡猾な女たち、魅惑するセイレーン、復讐の老婆たちは老若男女の心に恐怖を叩き込む。奔放な性の自供、黙示録のような荒天を背にした傍若無人な残虐行為、宗教の腐敗、そして力を巡る争い。魔術、破壊、誘惑。毒のある可愛いお辞儀と共に、それら全てをひっくるめたら――あまりにもシェイクスピア的。だから魔女狩りは文字通り『マクベス』をインスパイアした。

だけどこの謎の一番興味深い部分は、私たちがどうやって魔女という言葉を、初期近代の、囁けば厄介なことになっていた言葉から、二一世紀の何千もの人々が誇りを以て名乗る言葉へと変えたかということだ。「二〇〇〇年間のほぼ全ての間、恐怖と嫌悪をもたらす人物であった魔女が、共感的――さらには憧憬的――存在として受け入れられるようなった変容は、近代西洋文化における最もラディカルで思いがけない進展のひとつである」とジョン・カロウは『闇を抱きしめて：妖術

の文化史』（*Embracing the Darkness: A Cultural History of Witchcraft*）で述べている。

『魔女狩りの地を訪ねて』は、イタリア、フランス、ドイツ、アイルランド、連合王国、合衆国の旅を通じてこのラディカルな変化を探求する。そこには、場所を通じた魔女の物語がある。私の旅は、単に歴史を読むだけじゃなくて、全身でそれに浸りたいというやむにやまれぬ欲求から始まった。もちろん絵画や文学、彫刻、学術研究を探し求めたけれど、私の研究が一気に深まったのは、聖なる場所に身を置いてそこに黙って腰掛けた時だった。場所の魔術は何ものにも代え難いのだ。

魔女は呪う者であると同時に癒す者であり、悪魔の使徒であると同時に神の巫女であり、邪悪な呪文の使い手であると同時に環境の無垢なる犠牲者でもある。文学的《リテラリィ》であると同時にありきたり《リテラル》でもある。空想の産物であると同時に、あなたや私と同様、現実の人間でもある。「彼女は付加の産物である」とバム・グロスマンは『魔女の復活：女性、魔法、力についての考察』（*Waking the Witch: Reflections on Women, Magic, and Power*）で述べている。

〈西洋世界における邪悪な魔女〉は、慈悲深く野蛮な地母神にも、メソポタミアのリリトゥのよ

うな女怪にも遡ることができる。このリリトゥは、ユダヤの説話にあるアダムの最初の妻にして、子供を喰らうスクブスでもあるリリスの原型だろう。リリスがアダムに性的に屈従することを拒み、真夜中に金切り声を上げると、彼女の肥沃な三日月地帯は無数の悪魔や悪霊の繁殖地となった。彼女は「西洋世界において最も想像の対象となった人物」へと変容した、とロナルド・ハットンは『魔女：古代から現代までの恐怖の歴史』（*The Witch: A History of Fear, from Ancient Times to the Present*）で述べている。そして魔女狩りの時代には多くのヨーロッパ人にとって魔女の女王となり、今日の多くのフェミニストや魔女術の術者にとっては反家父長制の急先鋒となったのだ。

魔女の歴史におけるもう一人の重要な古代の存在がエヴァだ。蛇の姿をしたサタンの手下に唆された彼女は、神の命に背いて知識を欲したためにアダムと共に楽園から蹴り出され、おかげでキリスト教の神話では女は永遠に信用ならない、男の堕落の原因という烙印を捺されてしまった。この起源説話におけるエヴァの行為は、過去二〇〇〇年にわたってキリスト教のジェンダー概念に深刻な影響を与えた。

魔女の歴史はいかなる意味においても直線的ではない。その途中には停止もあれば開始もあり、奇妙な迂回もあった。「古代の伝統はヨーロッパの魔女信仰の形成において重要な役割を果たした」とハットンは述べているけれど、それは「複雑で微妙な形で、非常に長い期間にわたって」のこと。魔女の過去については豊富な学術論文もあれば大衆向けの書物もある。けれど本書を通じて

何度も何度も立ち上がってくる女始祖はリリスとエヴァだ。

この二つの魔女の祖先がいずれも女性であるのは偶然ではない。神話でも歴史でも、魔女は二つの性の役割に異議を唱え、時には越境すらするけれど、依然として女性と女性性に密接に関連づけられている。魔女術の罪で告発された何千人もの内の七〇－八〇％、それに魔女術の罪で処刑された人の八〇－八五％は女性だった。だから元型の魔女を「彼女」と呼ぶのは歴史的にも正確だし、ある意味、敬意の表明でもある。けれども魔女術の罪で告発され処刑された男性だってたくさんいる。だから初期近代の魔女狩りの原因はジェンダーバイアスやミソジニーだけじゃない。

二〇世紀には、近代魔女術の誕生と共に、*witch*という言葉は新しい意味を持つようになった。魔女術の傘の下に入るいろんな活動に参加する人にはあらゆるジェンダーがいるけれど、女性のカテゴリーに属する多くの魔女は、性別とジェンダーに基づく偏見と迫害の共通体験に基づく魔女像に特別の親近感を感じている。この親近感はまた、スピリチュアル活動の有無にかかわらず一部のフェミニストが自分たちのアクティヴィズムのアイコンとして魔女を祭り上げた理由でもある。

多くの現代の魔女にとって、政治は魔女の術と切り離せない。抵抗のための公的・私的儀式の新しい形――市民意識のある魔術――が形を取り、分析的ディスクールが具体的なスピリチュアル活動に直面している。集団的な呪詛や治癒の儀式はニュースの見出しを飾る。魔女団は政治的なキャンペーンに取り組む。スローガンには魔女中心のメッセージが溢れ返る。魔術の世界と物質主義の

世界は混じり合い、その過程で触媒作用を起こし、二一世紀において政治と霊性が調和する新たな手段を具体化する。

　魔女狩りは合衆国では依然として深く誤解されている。それは一つには、今もレトリックの道具として使われているからだ。ジョン・ディーモスが『内なる敵：魔女狩り小史』（*The Enemy Within: A Short History of Witch-Hunting*）で述べているように、魔女狩りは「（しばしば）倫理的非難のモード」のメタファーとされる。「破壊の意図、陰謀の脅威、隠された裏切りが主張される時」にこのフレーズが使われる。だけど、歴史上の魔女狩りは破壊の意図に満ち満ちているとしても、社会の最弱者を裏切ろうと陰謀する連中は普通は社会の最強者だ。だから今日の強者たる政治家の叫ぶ「魔女狩り」なる言葉は、ahistoricism〔訳注：歴史、歴史的発展、または伝統に対する懸念の欠如〕に陥ってしまうのだ。だからこそ、実際の魔女狩りで何が起ったかについて関心を高めることが絶対に必要なのだ。

　歴史性を犠牲にしないようにしながら、本書の中では適宜、史的虚構の領域に足を踏み入れ、現実と空想上の魔女像を考察したい。至る処であなたは記録と束の間の言及から構成した過去のキャ

ラクターたちと出逢うだろう。彼女らは動物や人間の姿を採る。「有罪」であり無辜であるその彼女らは、暴虐の抽象性に顔を与え、歴史に命を吹き込むだろう。告発された魔女たちが苦しんで死んだ場所の多くを訪ねた私は、何であれ史跡を訪ねた人の誰もが行なうことをした――過去にここに来た人や出来事を想像したのだ。

今日、このような本を書くアイロニーは痛切に感じる。三〇過ぎて子供のいない女、家父長制の虐待に対してあからさまな嫌悪を持つ女、キリスト教の檻を脱した異教徒。それが私だけれど、そういう存在として私はほとんどのヨーロッパの街といにしえのアメリカの都市を巡る長大な旅をしたわけじゃない。今は二一世紀。両腕を消すことのできない護符のタトゥーで飾り、ダンテが見たら間違いなく悪魔の侍女だと決めつけていたような格好をしていても、それでも私はこの世界を、たいていの場合は人種と階級の所為で害されることなく移動できるのだ――一人旅をする全ての女性が直面しなければならない安全上の懸念以外は。

過去数年の間、『魔女狩りの地を訪ねて』の調査のために私は二三の街と七つの国を訪ねた。魔女をテーマとするホテルに泊り、魔女を題材とする劇を見て、魔女のテーマパークを訪れ、樹齢五〇〇年を超える二本のオークの樹を訪ね、幽霊狩りに参加し、無数のオカルト書店と魔女の店を探訪した。だけどある意味では、私はこの本のための調査を、もっと遙か昔から開始していたのだ。

私は離婚した両親の一人っ子で、その両親はそれぞれがこの国の別の場所に住むこととなった。

そんな私は子供の頃からよく一人で過したり、一人でどちらかの親に会いに出掛けたりしていた。シャイで内向的だった私は、この孤独の時期、他人に興味を持つことはなかった。むしろ興味を持っていたのは場所でありものだったのだ。このアニミズム的なアプローチにおいて、私は周囲のものを友達でありエネルギーの源であると見做すようになった。彼らはそれ自体、私に心を開いてくれさえすれば、ゆっくりと慎重に理解していくことのできる実体なのだ。過去の欠片を拾い集めたいという衝動、森や公園や古い都や聖なる遺跡と交信したいという衝動に突き動かされて、私は直観的に心理地理学《サイコジェオメトリ》や地霊学的共感《ジェオマンティック・エンパシ》のような観念に触れていたのだ。そんな言葉を知る前から。場所の物理的・形而上学的側面に親しむ方法と、その場所が私たちの感情の状態にもたらす衝撃を表す言葉があるなんてことを、知る前から。

　三歳の時、私はフィレンツェのガレリア・デル・アカデミアの反響するホールと、大理石製の「一糸まとわぬ少年」ミケランジェロのダヴィデに魅せられた。彼は何者なのか、何故彼なのか、そして彼はどうやってここに辿り着いたのか？　一〇歳の時、私はブキティンギのミナンバカウ族の屋根の危険な曲線に惹かれた。そこで母と私は、スマトラの母系社会の女たちと出逢った。彼女たちは、来るクローヴの収穫を待ちあぐねていた。一一歳の時、私はグレート・バリア・リーフの周囲の無人島でだらけている先史時代の蜥蜴たちと遊んだ。父と私は、ピクニック・バスケットからスパイス・サラミを取りだして彼らに与えた。二五歳の時、私はイセジングウの周囲の木漏れ日

の森を歩き回り、神道の太陽神であるアマテラスに尊崇を捧げた。こうした体験は、大いに感謝している特権だ。それらが私を形作った。それがはっきり解るようになったのは最近のことだけど。最初、『魔女狩りの地を訪ねて』は場所の力と繋がりたいという欲求と、初期近代の魔女狩りに対する私の知的興味に突き動かされていた。だけど調査を掘り下げるに連れ、私自身の血統が差し招くようになった。DNA分析のサイトである23 and Meで、徐々に青が濃くなっていくマップは、最近の遺伝的継承が、不気味なまでに正確に私の旅路を辿っていたことを示したのだ——チケットを手配し、旅行計画を立てた後で発見した事実だけど。

私の親戚たちは、かつて魔女狩りが行なわれた場所に住んでいた。ロンドン、ランカシャー、そしてエディンバラ。薄い青は、彼らがバーミンガムにも住んでいることを示している。遡ればイタリアやフランスの血統もあった。マップにならないほどの曖昧なパーセンテージだけれど。家系の調査から、Sollée姓がノルマンディに遡ることは知っていた。ジャンヌ・ダルクが火刑に処され、その遙か後に魔女狩りが荒れ狂ったルーアンに住んでいてもおかしくない人々だ。

先祖のロマンスの空想にのぼせ上がるのは簡単なこと。だけどとても多くの魔術儀式や大宗教——聖なるものも冒瀆的なものも、日常的なものも——において、私たちは祖先を尊崇する。彼らがただ夢見ることしかできなかった機会を享受し、彼らがようやく始めたものを完成させるのだ。彼ら祖先とその生き方を拒絶するにせよ崇敬するにせよ、彼らは今の私たちの密接な一部なのだ。私た

ちのナラティヴは私たちと共に始まるんじゃない。私たちは誰か別の人の物語のクライマックスであり、最終章《コーダ》なのだ。

何世紀を経ても、初期近代の魔女狩りの物語は依然として意味をも持つ。ある者にとっては、スピリチュアルな意味で重要だし、別の者にとっては魔女狩りは政治的な、あるいは先祖に纏わる重みを持つ。この遺産にとって欠くことができないのは、ヨーロッパと北アメリカに点在する場所。そこでは私たちは、魔女の力と迫害が繙かれていくのを見る。『魔女狩りの地を訪ねて』はこれらの歴史に憑かれた都市や史跡への入口であり、私が「魔女の旅」と呼ぶ奇妙な冒険への触媒なのだ。

血のストレゴネリアと性魔術

イタリア　フィレンツェ

　時に、過去は明白だ。記憶の蔓は思いがけない方向へと伸びて、時のヴェールを絡ませる。迂闊な人は、足下で繰り広げられている物語にも気づかず通り過ぎていく。土地の地形を変える開発があっても、私たちは言葉にできないことが起った場所に、魔術的なパリンプセスト〔訳注：一度書いたものを消して再度書けるようにした羊皮紙〕とともに取り残される。記念碑や地図がその地点を示すこともあるし、やむにやまれぬ感覚に憑き動かれてガイドブックをめくったり、地元民に訊ね回って手掛かりを探すこともある。時にはある場所が、自ずとここで起きた出来事を叫ぶこともある。

　この感覚は、フィレンツェ旧市街の中心部に、霧のように漂っている。高雅な趣味で知られる都——神の栄光を讃える有名な絵画や彫刻、禁欲的と自認する人々すら誘惑する美食——また歴史が書かれ、書き直され、最も周縁的な声をも圧縮して鳴り響く轟音にした都でもある。無関心はそれを沈黙させようとするけれど、心を開けば、それはそこにある。その場所、あるいは場所の守護精

霊に引き寄せられることすらも。ローマ人はその精霊を、〈地霊《ゲニウス・ロキ》〉と呼んだ。それはあなたの全身に浸透している。

トスカーナ地方へもこれが四度目。もはや観光客然とした笑顔を貼付けて、皮革のショップだのルネサンス美術だの、街を覆うテラコッタの屋根の下で仕事の後のワインを楽しむ地元民だのを見て回るだけじゃ満足できない。私はその下にあるものに辿り着きたいのだ。

多くの観光ガイドは、この地のおぞましい記憶を糊塗することを好む。まるで旅というものの目的が、人生の傷から目を背けるための牧歌的な光景だけを享受することにあるみたいに。だけど私の目的は、もう少し深いところに埋もれているものを彫り出して、影の中へと足を踏み入れること――心理地理学で言う地底旅行なのだ。

フィレンツェに到着したのは熱波の最中。街の観光客は気怠げにジェラートと冷えた白ワインを手に、ストリート・マップや旅のパンフを即席の団扇にして扇いでいる。最初の数日はAirbnbに籠もって猛暑を避けていた。ガリレオ美術館やアルノー川、それにウフィツィ美術館からは数歩の距離。ピアッツァ・デイ・ジュディィチの中に隠れて大の字になって本を読んでいた。昔は中世の城の一部だったところで、この猛暑の中でも石壁は比較的冷たい。だけどそこにこのまま根を生やす訳にもいかないことは解っている。灼け付くような午後、私はそろりそろりと長距離の散歩に出掛けることにした。

観光客がウフィッツィ美術館のチケットを求めて並んでいる。中にいる、恐ろしく思わせぶりな女たちで目の保養をしようと飢えている――ボッティチェリの『ヴィーナスの誕生』だの、カラヴァッジョの『メドゥサ』だの――蛇行した行列はピアッツァ・デラ・シニョーリアの丸石まで続いている。昔のフィレンツェ人は、ここで全く別種の演物を見た。今ではその広場は彫刻とカフェ、それに息を飲むような建築物のパノラマとなっているけれど、数世紀前のここは共和国の中枢で、罪を抹殺する場所だった。「虚栄の消却」と言われているけれど、ドミニコ会修道士ジロラモ・サヴォナローラが書物や絵画や、その他肉体と魂を誘惑するありとあらゆる物品を焼き捨てた――女たちもまた、そのような誘惑を惹き起こす者として非難された。これらの女たちはジョヴァンナのような「魔女」だった。一四二七年の市の記録によれば、彼女は「肉欲の目的のために黒魔術を用いて」とある男の「貞淑な魂」を堕落させた罪等で起訴されている。

その日、気温は三八度まで上がり、私は歩き続けた。へばりながらもサンタ・クローチェを過ぎ、カーサ・ブオナローティを過ぎ、譫妄状態に陥りながらもひたすら北東を目指した。その時、私は初めて彼女を見た。店のウィンドウに映った私自身の脱色したブロンドの写像の中に。パスティッチエリアにサルメリア、靴とジャケットと財布の果てしなく続くパレードが私を見返している。彼女は、あらゆる鏡面にいた幻影だった。その緑のガムラ〔訳注：15世紀から16世紀初頭にかけて流行したイタリア風の婦人服〕は敷石に接し、髪は野生のカスケード、ルージュを指した頬には狡猾な

笑みを浮かべている。どういう訳だか、その半透明の顔には一粒の汗もない。

私はその像の波動に従って進むことにした。今やサンタンブロジオ地区だ。観光客向けの店がちょっぴり少ないことで愛されているエリア。ユダヤ人街とその忙しない露天を縫うように進む私は、この幻影の虜となっていた。遂に、サンタンブロジオ教会の巨大な木造の扉を通り過ぎ、蒼穹を成す天井の下に、その亡霊は顕現した。彼女はジョヴァンナ、フランチェスコ・エル・トソに生まれ、熱に浮かされた幻影の中にのみ存在を許された女。

教会の中の空気は重厚で静謐だった。ここはジョヴァンナの教区教会で、四世紀に聖アンブロジウスが頭を垂れた場所とされている。巡礼の目的地で、一二三〇年にとある司祭が、聖杯のワインが一夜にして奇蹟的に血に変ったのを目撃した。以来、基礎構造は変っていない（そしてだからこそここは、私を案内してきた血の魔術の使い手には相応しい場所でもある）。会衆席に腰を下ろして息を整える。ジョヴァンナが私のすぐ隣に――ひざまずいている。彼女の祈りは嘆願というよりも囁きだったけれど、私の耳に刺さった。蝋燭の火は揺らめいてもいない。私と一緒に歩いているのに、足音は響かない。

「Jocopo」と彼女は詠唱した。ステンドグラスが揺らめき、彼女たちの歴史を描いたフィルムストリップに変った。部屋は彼女たちの熱気、口角から湧き出した禁断の快楽の勢力で満たされた。ジャコポ・ディ・アンドレアは彼女の恋人だった。何度か逢引きをして、彼女はそれを長引かせよ

うとしたけれど、上手く行かなかった。一度、彼のワインに自分の月経の血液を混ぜて彼に飲ませ、次のように唱えた、「逃げないのなら、私の網に捕まえる」。性交中、自分の愛液を彼に味わわせ、その呪いを隠すために魅惑の言葉を用いた。ダブレット〔訳注：甲冑の下に着る下着〕職人のジャコポは、何度も何度も彼女のものになった——そうでなくなるまで。

ジョヴァンナを一目見れば、愛の魔術が必要だなんて思えないだろう。志ある艶女、上物の真珠が、その浮気性をものともせずにその繊細な首許に必死に食らいついている。彼女に限れば、その首飾りは無垢の象徴ではない。純潔、謙遜、貞節——自らの機転と我儘、それにそう、たぶん魔女術によって生き延びてきた女にとって、そんなのは全部偽の神だ。だけど虚栄は？　虚栄なら、彼女だって上手く付き合って行けたはず。

違う種類の錬金術を使って、ジョヴァンナは長時間の苦痛に耐えて自分の髪を黄金に変えた。フィレンツェの流行だ。先ず、同じ樹から胡桃の殻と樹皮を採取する。それを煮沸した後、髪に塗る。カリミョウバンと林檎を加え、顔にくっつかないように縛り上げる。数日後、クロッカスに竜血、ヘナとブラジルボクを加えると、朝日の光から切り出してきたような色になる。『トロトゥーラ』〔訳注：女性の健康に関する書物、もしくはその著者とされる女性〕が彼女の母に、祖母に、そして曾祖母に伝えてきたやり方だ。

ジョヴァンナの蠱惑の呪術だけではなく、私が知りたかったのは彼女が何のためにそんなこ

とをしたのかということ――何かを本当にしたのなら。「*Da che tu vuo'saver cotanto a dentro, dirotti brievemente*」彼女の声には催眠作用がある。群れ成す蜂の羽音のように。ダンテの言葉を繰り返す。「それほど深く知りたいのなら、簡潔に告げよう」。もちろん。両手を合せ、頭を垂れて、彼女はその愛の行為を伝える。私に理解できるように。

ジャコポの後にニコロが来た、と彼女は言った。彼の子供を彼女は産み、そして彼をハンガリーから自分の腕に取り戻そうとした。そのせいで彼女は、占いのために悪魔を召喚し魔術用の蝋人形を作ったと告発された。ジョヴァンナの唇は素速く動き、舌は詠唱を続ける。さらにもう一人の既婚者、ジョヴァンニ。ある日、教区の彼女の扉の前で足を止め、見つめずにはいられなかった。彼の目は、彼女が見つめ返すより早く、彼女を貪っていた。彼女は彼を招き入れた。だけど彼女は彼の献身――それに精力――を望んだので、呪文を掛けた融けた鉛で護符を作った。入手先はモンナ・ジリア。こうしたものを買っていた薬屋。

ジョヴァンナの護符は最終的には効いた――魔術的にか隠喩的にか、それは解らないけれど。ジョヴァンニはそれはそれはジョヴァンナに夢中になり、「彼の純潔な魂は彼女に対する情欲へと転換され、否応なしに何度も彼女の家を訪ね、そこで彼女の不実な欲望を満たした」と記録は言う。こうして話は終ったのかもしれない。結局のところ、姦通を行なった成人全員が歴史書に記録されているわけではないし。

だけど、望んだほど愛が花開かなかった時には、ジョヴァンナは賭け金を引き上げた。とある司祭の助言で、彼女は死者の頭蓋骨から蒸留水をジョヴァンニのワインに注いだ。彼はそれと知らずに飲んだけれど、足りなかった。次に彼女は自分の経血をいつものように彼の杯に入れ、この愛人が彼女の肉欲を満たし続けてくれるようにした。そしてしばらくは上手く行った。ジョヴァンナは御褒美を得て、ジョヴァンニと結婚した。だけど彼は、最初の妻を裏切ったように、彼女のこともまた裏切ることになる。彼女は、その終りを知っていた――オリーヴの葉が、予め告げていたのだ。

フィレンツェの法廷で、「魔術師にして魔女、妖術師にして黒魔術の使い手」と名指されたジョヴァンナは、彼女がベッドに引きずり込んだダメ男たちの染みが散乱する世界から足を洗った。文字通り頭を失う前に。六月上旬、彼女は罪を自供した――真実だからなのか、それともしょうがなかったからなのか。彼女は広場で断頭された。自分の欲望のために――あるいは、彼の、彼らの欲望のために。仄暗い教会で、彼女の眼と唇を見ても、私には解らなかった。

ジョヴァンナはもう語らない。私はサンタンブロジオを出た。商人たちが手を振って、午後の陽射しにきらめくスカーフだの金のロザリオだのをお奨めしている。二〇一九年のフィレンツェでは魔女術とはどういう意味を持つのかを知りたくて、私はポンテ・ヴェッキオを渡り、ヴィア・デ・バルディを急に左折する。緑の看板の魔女のとんがり帽子が招いている――ラ・ストレガ・ノッキオーラ。

何十年も前に初めてフィレンツェを訪れた時から憶えている。その時、地元民は脅すみたいに告げた、カウンターの向こうの女は、あんたの好みの味までお見通しさ。この「ジェラートの魔女」の神話は、部分的には正しかった。だけど、ジョヴァンナの術と同じく、セックスだとかアイスクリームのような人生の甘いものについては、結局のところは楽しく終るのだ――多少イカレた魔術でも。

デザート占いをすっかり平らげて、その名残を唇から舐め取る――どうでも良いけどヘーゼルナッツ――そして次へ。通りの両側にある公園たちを過ぎる。教会やアパートを過ぎて、GPSの指し示すまま、小さな店の前で足を止める。窓には梟が羽を広げて歓迎している。合衆国で通い詰めた多くの魔女店に似ていなくもない。ラ・ソフィッタ・デレ・ストレーゲはハーブにお香、融けた蝋の匂いがした。カウンターの向こうの女は英語とイタリア語のちゃんぽんで案内を始める。売り物はタロット・デッキに本、それに占いやヒーリングもやっている。

事実上、ラ・ソフィッタ・デレ・ストレーゲは中世の呪術師の店の現代版のようだ。ジョヴァンナが指導と適切な素材を求めて通っていたような。記録に残るジョヴァンナの事例では、彼女は二人の女に相談していたと自供した。男の歓心を買うために必要な呪術の掛け方を習ったのだと。「薬屋」がいて、そして助言を乞えば助けてくれる「魔の女」がいたのだ。

薬屋の名前は明かされたけれど、第二の女の名は「公共善」のために明かされなかった――その

情報を聞きつけた者は誰であれ、ジョヴァンナの術を使うかも知れないから。だけどジョヴァンナが求めた指導と物品は、今みたいに一つの店で全部揃うわけではなかった。彼女は都合の付くところならどこからでも、魔術に必要なものを集めていた。教会で、薬局で、それに村の他の女たちからも。

ジョヴァンナの魔女術についてもっと知りたくて、ラ・ソフィッタ・デレ・ストレーゲの本をざっと眺めた。さまざまな本がある。北欧のルーン文字だの、ハイティのヴードゥーだの、東洋の神秘主義だの、英国のウィッカだの、現代イタリアのストレゲリアだの。この地域に特有のものを探した。中世の *stregoneria*（魔女術）と繋がる一助になることを期待して。だけど案の定、徒労に終った。

フィレンツェ人が魔女術と見做したカトリック+異教の民間魔術は、今日行なわれているほとんどの魔女術とは大きく異なっている——そしてしばしば、現代文化のモーレスとは衝突する。特に、愛の魔術に関しては。確かに、中世と初期近代の学識深い男たちによる魔術書《グリモワール》の中には現存するものもあるけれど、女たちの魔術を発掘するのはより困難だ。ジョヴァンナの愛の魔術については、その実践よりもそれに対する迫害の記録によって知られている。彼女の魔女術はほんの僅かな空間に生き延びている。

私はジョヴァンナの自供を胸に、魔女店を去った。背後で沈む夕日が、アルノー川の水面を燃え

立たせている。六百年ほどを経て、他の女の元型は生き延びている。彼女はスケープゴートで、男の欲望を喚起し、健全な性を歪めたとして罰せられている。一方で男はしばしば無罪で、彼女らの被害者とされる——ジョヴァンニやニコロ、ジャコポがそうであったように。今日の善女たちは今なお、他の女が比喩的に打たれ、折られ、棄てられるのを見たがっている。過去に魔女とされた女たちの死体のように——広場で首を切断され、見物人の前に投げ出され、串刺しにされて曝され、あるいは人々の見守る前で原型を失うほどに灼かれるのを。

再び橋を渡ると、デラ・シニョーリア広場にいた。ウフィツィ美術館は閉っている。観光客は三々五々ホテルに戻り、それから夕食に出掛けていく。この同じ広場の四つの隅で、欲情し、騙し、欲しがった女たちは、飛び抜けた悪の力を与えられ、そして自らの命で償った。私は虹のシャーベットのような空を仰ぎ見た。魔女店の小さな紙袋には、ヴィスコンティのタロット・デッキと無料のお香の箱が入っていて、大きな黒い文字で*Streghe*（魔女）と書かれている。今じゃ人畜無害の言葉だから、気に留める人もいない。

周囲の観光客たちに習って、この得も言われぬ日没の写真を撮り始めた時、何も知らなかった頃に戻りたい誘惑に駆られた。この街が私に魅せたい美だけを見て、ファンタジーの中だけに生きて。だけど頃合いの光を捉えようと振り向いた私は、メドゥサの死んだ眼を捉えてしまった。彼女の切り落とされた首は、ペルセウスの手に下がっている。ベンヴェヌート・チェッリーニの有名なブロ

ンズ像の女は、レイプされて怪物に変じ、退治された。私はもう二度と無知の祝福に与ることはないのだと解っていた。またしても、ジョヴァンナの亡霊は手を挙げて私に挨拶した。私たちは一緒に広場を去り、街の夜の一部となった。私は手に*Streghe*と書かれた紙袋をぶら下げ、彼女はすぐ後に付いてくる。煙の芳香の蛇となって。

呪いを恐れぬ者はいない
——大プリニウス

イタリアの魔女の認知は、過去数千年間、嘲笑と傾倒の間を揺れ動いている。この半島の人は他のヨーロッパ人ほどには魔女の迫害に参加しなかったけれど、魔女と魔女術はイタリアの民間伝承と歴史にとって不可欠の一部だった。今でも、ヴェネツィアは御公現の祝日で名高い。男たちはラ・ベファーナを讃えて、カナル・グランデ（大運河）で魔女のドラッグレースに興じる。ラ・ベファーナというのは、生まれたばかりのイエスの許へ向かう三博士を助けたという気難しい老婆。カパンノリにある「魔女のオーク」と呼ばれる樹齢六〇〇年の樹は、とある伝説のために国家的な

モニュメントとなっている。ジェノヴァの子供たちは、年に一度の幽霊狩りで、邪悪な*maga*（魔術師）について学ぶ。それに続いて、サン・ジョヴァンニの祭で真夜中の焚火がある。トリオーラは「地中海世界のセイラム」になった。それは過去の破壊的な魔女狩りを記憶すると共に、異教の礼拝も生きている。それにどんなイタリアの街でも、ある程度街の声を聞いていれば、みんなが母や祖母から聞かされた魔女に関する迷信を耳にする（サンレモの運転手さんの戒めによれば、洗濯物を一晩干しっぱなしにしていると、魔女に呪われるとか）。

イタリアの魔女を調査していた私は、遠い昔を覗き込むことによって、魔法使いの女たちがそこで私に期待していることを見つけられるようになった。女妖術師は古代のメソポタミアとギリシアでは重要な役割を果たしていた。だけど、古代のローマではそういう女はどうだった？

マックスウェル・テイテル・ポールが『カニディア：ローマの最初の魔女』（*Canidia, Rome's First Witch*）で説いているように、「ローマの魔女は常に、可鍛性のある万能選手的存在と見做されてきた。悪魔と似ていなくもない」。私たちの限られた語彙とは違って、ラテン語には魔女を表す言葉が豊富にある。彼女たちは*praecantrix*（占い師）であり、*venefica*（薬師）であり、また*maga*（フィレンツェの記録では、ジョヴァンナはこう呼ばれている）であり、*malefica*、*saga*、*lamia*、*striga*であり、さらには*quaedam anus*でもあった。最後のものは、単に「老婆」の意味だ。これらの言葉は全部、「曖昧に定義される超自然的な能力——およびそれ以上の何かを持つ女」を指しているとポールは言う。

西洋では、魔女は歴史的に、その活動が支配的な宗教の教義と衝突する人々だった。ローマの魔女だって例外ではない。こうした魔法使いの概念は、現存するフィクションからもノンフィクションからも拾ってくることができる。ウェルギリウスの『詩選』には、ラテン語文学で最初期の「魔術儀式」という言葉の用例がある。詩人はそれを、ホメロスの『オデュッセイア』に出て来る邪悪な誘惑者としての魔女キルケーに帰している。ホラティウスの『諷刺詩』は、カニディアというキャラを通じて妖婉なキルケーをパロディ化している。彼女は恐ろしい老婆で、独自の復讐的でエロティックな呪いを掛ける。ルカヌスの『内乱記』（それと、遥か後の、ダンテの『神曲』とゲーテの『ファウスト』）に出て来るテッサリアの魔女エリクトーもまた恐ろしい老婆で、降霊術関係のよからぬことをやらかす。

魔術に関する古代ローマの見方は、長い年月の間に徐々に変化した。一世紀には大プリニウスが『博物誌』の特に乱暴な悪口で魔術を「あらゆる術の中で最も詐欺的」と断じていて、これは魔術に興じるペルシア人やブリトン人などの下等な異邦人を婉曲に貶しているのだ。プリニウス同様、ローマ法もまた徐々に護符や秘薬や呪術を商売にする者に対して風当たりを強くしていった。二世紀には、*magia*（魔術）の概念は *maleficium*（犯罪／悪事）と同一視されるまでになっていた。

デレク・コリンズは『古代ギリシア世界の魔術』（*Magic in the Ancient Greek World*）で「古代末期までには、〈魔術〉の定義に押し込むことのできるありとあらゆる行為に、あからさまに犯罪的な色づ

けが為されるようになっていた」と述べている。古代ローマは、四世紀にキリスト教を国教化したことで、中世と初期近代の魔女術信仰にさらなる影響を及ぼすことになる。これ以後、*pagan*という言葉（ラテン語で「農民」を意味する*paganus*より）がある程度頻繁に用いられるようになる。*pagan*という言葉は今でこそ魔女や自然崇拝の人々に愛されているけれど、古代世界の多神教徒がそう名乗っていたわけではない。異教《ペイガニズム》の元々のコンセプトは無数の複雑な儀礼や信仰体系をぺしゃんこにするもので、初期キリスト教が言い出したものに他ならないのだとジェイムズ・J・オドネルは『ペイガン：伝統宗教の終焉とキリスト教の台頭』（*Pagans: The End of Traditional Religion and the Rise of Christianity*）の中で説明している。そして、*pagan*という言葉が主流入りして初めて、ローマの神学者聖アウグスティヌスはキリスト教の悪のパンテオンを築き上げていくことになった。

「アウグスティヌスは、古い神々は旧約聖書の堕天使であって、それ以上でもそれ以下でもないことを明らかにした」とオドネルは言う、「そして彼および彼の同教信徒は、彼らに対して古き良き名称を与えた。〈悪魔《デーモンズ》〉である」。聖アウグスティヌスはまた、呪術師に力を与えているのは悪魔との契約だ、と言い出した。では、古代ローマ人の一番人気だった悪魔の魔術とは？　それが性愛の魔術。

催淫の魔術——フィレンツェの女妖術師ジョヴァンナが行使したと告訴されたもの——は、彼女の時代より何世紀も前に遡る。そしてそれは当時もまた、手が後ろに回る類いのものだった。プラ

トン主義哲学者で詩人、そしてかなり有名な魔術師でもあったアプレイウスは一五九年、遙かに年上で金持ちの妻と結婚するために性愛の魔術を使ったとして起訴された（「性愛の魔術とは」とブライアン・コペンヘイヴァーは『魔術の書：アンティークから啓蒙時代まで』（*The Book of Magic: From Antiquity to the Enlightenment*）に記している、古代ローマにおいては「どこでも売られていた」と）。裁判でアプレイウスは、魔術それ自体の起源と本質に関するクレヴァーなレトリックで自らを弁護した。彼の弁明は実際、ローマの文献記録に*magica maleficia*（邪悪な魔術）という言葉が登場した最初の事例だ。このため、デレク・コリンズは「〈邪悪な魔術〉としての、そして後の〈魔女術〉としての*maleficium*（邪術）の長い歴史はアプレイウスに始まる」と断じている。

千年かそこら早送りして、ジョヴァンナが滾っている時代になっても、性愛の魔術はまだ大人気で――そして禁じられていた。彼女の時代のイタリアの性愛魔術の一般的な素材は、聖油や蝋人形から動物の心臓、精液、陰毛、人血にまで及んでいた。「血には魔術的意味、神秘的効能、薬理学的驚異、［および］錬金術師の夢が詰まっている」とピエーロ・カンポレージは『生命の汁――血液のシンボリズムと魔術』で謳っている。

ジョヴァンナがジャコポとジョヴァンニに告知も同意も無しに自分の体液を供したのは、単に伝統を遵守しただけのこと。催淫の魔術での経血の使用は「女性の繁殖力を示す比類なく強力な印であり、故に極めて適していた」とグイド・ルッジェーロは『呪縛への情熱：ルネッサンス末期の魔

術・結婚・権力の物語』（*Binding Passion: Tales of Magic, Marriage, and Power at the End of the Renaissance*）で述べている。密かに経血をワインに混ぜ、モノにしたい男にそれを供するのは絶対必要なことなのだった。

性愛魔術はフィレンツェでもどこでも、中世末期から初期近代に至るまで大流行した。それは一六世紀のモデナで異端審問が見つけ出した魔女術の中で一番ありふれたもので——さらにはシエナ、ローマ、ヴェネツィアでも発見された。ルッジェーロは「愛を左右する魔術の力に関する極めて明瞭な話があり、それは一六世紀末のヴェネツィアにおいては広く理解され実践されていた。それは女性たち、および彼女らのネットワークに支配されていた」と断じている。

性愛魔術が社会的に容認しうる縁組を促進するなら、文句を言われる筋合いはない。だけど「縁組が穏当ではない、階級を越境している、権力者の意向に逆らっている、単に不幸な結婚を生み出しているだけだという場合は、同じ魔術が共同体の目から見ればあっと言う間に邪悪なものとなり、権力者の注目を惹くものとなる」とルッジェーロは言う。

性愛魔術は危ない橋だ。だけど、一方で中世と初期近代の愛というのは今とは全くの別物だったのだ。

マリア・ヘレナ・サンチェス・オルテガは、中世の性愛魔術師を説明して言う、「これらの欲情した女たちは、単に愛が報われただけでは満足しなかった」。ジョヴァンニの法廷記録の行間を読

むと、彼女もまたそれ以上を求めていたのかもしれないことが解る。
「彼女らの野心と情欲は、愛人の意志を完全に支配することにまで及んでいた」とオルテガは論文「性愛魔術における妖術とエロティシズム」(Sorcery and Eroticism in Love Magic)で述べている。「我らが欲情した女たち、魔術の実行者たちは、基本的に実利的な人々であり、何が何でも男の援助を獲得しなければならないということを認識していた。さもなくば社会的価値を失ってしまうと。これらの行為のほとんどに、純然たる情欲的・性愛的側面があったことは否めぬにせよ」。

曲がりくねったフィレンツェの裏道を旅していて、私はしばしばジョヴァンナとその同族たちのことを思った。出会い系アプリもなく、堅気の女たちが公共の場で自由に呑み騒いだり性愛や恋愛で積極的になるのを許されなかった時代、性愛魔術は時代の最先端だった。フィレンツェは今も、世界で一番ロマンティックな街の一つだと考えられている。世界中からやって来た恋人たちは、婚約の証としてアルノー川を渡る際に錠前を残していく。私たちの中に、こと恋に関して、今までに何らかのおまじないや魔術的思考に頼ったことがないなんて人がいるだろうか?

性愛魔術の実践者の行動は、今日の魔女術に関する私たちのヴィジョンとは必ずしも一致しない。歴史上の魔女についての多くの議論は、犠牲者としての彼女たちにのみ焦点を当てている。魔女術の罪で処刑された女たちは実際に家父長制的な宗教や家父長制的な国の犠牲者だったのだけれど、ここまで書いてきた性愛魔術師みたいに、たまたま積極的にその「罪」に、禁止行為に手を出

すことになった人もいたのだ。命を奪われる瞬間まで欲求に従って行動した女たち。彼女たちは性的パートナーを、強い夫を、愛の抱擁を欲して止まず、そのためにとにかく手許にあるものを使った。その意味では、これらの実際の性愛の魔女たちは犠牲者ではなく、欲望の行為者だ。彼女たちの物語は血とワインの中で、薬屋で、教会で、そしてベッドルームで繰り広げられてきたのだ。遠い遠い昔から。

占いの国

イタリア　フィレンツェとボローニャ

悪魔が生み出した最初の業は、占いの業である……彼は地上にてエヴァにかく語った、この実を食うべし、さすれば汝善悪を知り、神々のごとくならん。

――シエナの聖ベルナルディーノ

イタリアへ発つ一ヶ月前、興味深いメールが受信トレイに入っていた。紫色の占星術のエモジが件名を飾っている。「旅のホロスコープ」。「星を見上げて、旅のインスピレーションを」と提案するのはReservations.com。私の太陽宮（磨羯宮）をクリックすれば、「次の旅はどこがオススメ？その理由も」解るというのだ。私はもっと物理的なやり方（言うまでもないけど地球儀を回して）行き先を決めるのが好きだけど、この戦略は私の気を惹いた。占星術に対する大衆の興味を活用することは、聖俗どちらの組織も、遠い昔からやって来たことだ。

それを愛そうと嫌おうと、あるいはそれに頼り切ろうと――占星術は現代文化の重要な一部だ

――それに魔女術も。ウィッカン（魔女術信徒の一派）であれネオ・ペイガン（復興異教徒）であれ、諸神混淆主義の魔女も魔術の愛好家も、みんな星の逆行に備え、至を祝福し、太陽系の変化によって個人的・職業的な生活を読み取っている。占星術の道に足を踏み入れるのに、別に魔女である必要はないけれど、ほとんどの魔女はどっぷり浸かっている。魔女術の再興が最高潮に達した時に、メインストリームで占星術に対する傾倒が幾何級数的に伸びたのは偶然でも何でもないのだ。

「新世紀世代《ミレニアル》は宗教を占星術に取り換えた」とロサンゼルス・タイムズの二〇一九年のとある記事は宣言した。そして何かと悪口を言われる新世紀世代はたぶん、占星術のアプリを使ったり、星座のミームを共有したり、出生天球図を手加減なしに読んで貰うのにカネを払ったりしているだろう。多くの界隈で、セルフケアの概念は自分の肉体のケアであると共に、天体の肉体への影響を理解することになっている。占星術は今や不可避の権利なのだ。実践者にとっては嬉しいことだし、批判者にとっては悔しいことだけど。

私がフィレンツェの占星術狩りに行った日も、やはり太陽は照りつけていた。涼しく快適な中世の石造りのアパルタメントを出てアルノー川を渡り、占星術の至宝を擁する宗教建築を目指して、何百段もの階段を着実に登っていく。その日の午後の気温は急上昇すると言われていたので、私は失神しそうになりながらも頑張った。サン・ミニアート・アル・モンテ教会の緑と白の大理石は、遙か彼方の蜃気楼のようだった。

一一世紀から一三世紀までの間に、それよりも遙かに古い聖ミニアスの祠の上に建てられたサン・ミニアート・アル・モンテ教会は、トスカーナ・ロマネスク建築の息を呑むような作例で、この街で最も高い地点のひとつに建てられている。フィレンツェのパノラマを堪能したいなら、まさにもってこいの場所。ありとあらゆる巡礼が、来る日も来る日もサン・ミニアートの眺望と、知る人ぞ知る逸品を見るために集まって来る――十二宮のシンボルを描いた、モザイクの床絵だ。

時の流れを辿り、重要なキリスト教の祭日を記念するため、サン・ミニアート・アル・モンテ教会のバシリカは、年の巡りに従って入射した日光が教会の――そして十二宮の――さまざまな場所を照らすように設計されている。洞窟のようなバシリカに足を踏み入れると、中央回廊の十二宮のモザイク画の周囲には立入禁止のロープが張ってあった。この入念に作られた芸術作品の複雑さはまさに圧倒的。最初に見分けられたのは装飾的な細工に取り巻かれた雄牛、山羊、二匹の魚、それに蟹。サン・ジョヴァンニの祭（夏至でもある）の間、日光は円の中に組み込まれた蟹のシンボルを照らす。蟹座の季節だ。この黄道十二宮の象嵌《ぞうがん》は今も機能している全ヨーロッパで最古の子午線だけれど、たぶんさらに古い黄道十二宮にインスパイアされている。それはもう一つの緑と白の大理石の建物の中にある――サン・ジョヴァンニ洗礼堂。

ドゥオーモの向かいにある八角形の小さなバシリカである洗礼堂は、一一世紀に奉献された。一部の学者によれば、その黄道十二宮のパネルはサン・ジョヴァンニの祭の際に日光が洗礼堂を通過

して太陽のシンボルを輝かせるように設置されていたという。だけどその黄道十二宮は何世紀も前に場所を移されて、残念ながらもう本来の目的を果すことはない――今でもそれを見るためにここを訪れる価値はあるけれど。洗礼堂のツアーは、サン・ミニアートを見るまでは、あまり意味がなかった。形も機能もほぼ同じこの二つの大理石の黄道十二宮は姉妹作で、二つ併せて過去の占星術について遙かに多くのことを教えてくれるのだ。

この異教＋キリスト教の驚異について思いを巡らせながら、隣のバシリカに向かう。オリヴェト会の修道士たちが手作りのアイスクリームを売っている。この暑さには格好の解毒剤。サン・ミニアートのギフトショップで、私は手作りのアロマオイルを眺めた。不安を抑えるだとか、肌を活き活きさせるだとか謳っている。それと、あの黄道十二宮の写真入りのありとあらゆる品。シルクのスカーフからゴールドのジュエリーまで。一人の修道僧が、蟹座の蟹のついたネックレスを指した。教皇サマはこの占星術的偶像の全てをお認めになるのかしら。

「あらゆる占いは、これを禁ずる」とカトリック教会の教理問答書は言う。「天球図、占星術、手相、予兆等の解釈、透視の現象に訊ねること、霊媒に頼ること……その全ては、ただ神のみに負う栄光、崇敬、愛ある畏れに反するものである」。今日のカトリックに、占星術の居場所は無さそう――ましてや他のあらゆる占いも――だけど、実際に行なわれていることと説かれていることとの間には、いつだってズレがある。

イタリアはずっと昔から占いの国だった。「占いはローマの文化、政治、武勲の中に組み込まれている」とブライアン・コペンヘイヴァーは説く、「宗教は言うまでもない」。市民にとっても役人にとっても、占い師や夢解き人、占星術師などに相談することはごく普通のことだった。ローマの占星術は、古代メソポタミアに始まりギリシアで発達した体系に基づいていた。天体の研究と、人間や事象に対する恒星や惑星の影響の解釈は、現在のような別個の学問とは見做されていなかった——天文学と占星術を分かつ境界線は、あったとしても曖昧模糊としたものだったのだ。

占星術の信憑性に疑問を呈した古代ローマ人——たとえば大プリニウスもその一人——もいるけれど、最後に笑ったのは星だった。占星術は最終的に「ローマの科学の規範に取り込まれた、自由七科のひとつとして」と、コックゥ・フォン・シュトゥックラートは『西洋占星術の歴史：最古から現代まで』（*History of Western Astrology: From Earliest Times to the Present*）で述べている。さらに「〈星々の言語〉は一種の共通語《リングワ・フランカ》となり、それによってさまざまな文化地域と宗教伝統が容易に交流できた」と。

では、黄道十二宮のシンボルはどのようにして、サン・ミニアート・アル・モンテ教会やサン・ジョヴァンニ洗礼堂のようなキリスト教の教会に入り込んだのだろう？　かつてキリスト教は、占星術にはお引き取り願おうという人々の賛同を集めたのだと思われるかもしれないけれど、事実は真逆。実際、初期キリスト教の時代には、占星術は「世界と未来を読み解くための主要な学問と

なった」とフォン・シュトゥックラートは説く。だけどそれにはまず、これを新しい宗教に取り込む必要があった。

占星術の異教的な過去を上書きする過程で生まれたばかりのキリスト教は黄道十二宮の意味を変え始めた。一二の星座は、イエスの一二人の弟子を表すようになった。太陽はキリスト自身で、日曜日に崇拝される。黄道十二宮のキリスト教化には何世紀も掛かったけれど、改宗者ヴェローナの聖ゼノは、四世紀にキリスト教神学と占星術との間の緻密な繋がりを提唱した。

現代の天文学者シモーネ・パルトリーニは、サン・ミニアートと洗礼堂を徹底的に研究してきた人だけど、『太陽と象徴：サン・ミニアート・アル・モンテ教会とフィレンツェのサン・ジョヴァンニ洗礼堂に描かれた黄道十二宮』（*Sun and Symbols: The Zodiacs in the Basilica of San Miniato al Monte and in the Baptistry of San Giovanni in Florence*）で初期キリスト教化された黄道十二宮の意味を詳細に説いている。

［聖ゼノの］解釈によれば、白羊宮は犠牲にされる神秘の仔羊の象徴となった。金牛宮はキリストの犠牲と神聖劇、巨蟹宮と獅子宮は復活と光の勝利。双児宮は旧約から新約聖書への移行。この移行を行なうのはマリアの神秘の子宮だが、彼女は処女宮で表されている。十二宮の残りの星座は人間ドラマを表しており、それは人間の破滅と堕地獄から、キリストの犠牲による贖いへと向かう道に基づいている。ここで宝瓶宮は洗礼による原罪からの浄化を表し、双魚

宮は人類の救済を意味する。

「この解釈は、サン・ジョヴァンニ洗礼堂とサン・ミニアート・アル・モンテ教会のバシリカの中に黄道十二宮が存在する理由を説明している」とバルトリーニは断言する。

占星術は中世を通じてキリスト教エリートたちの間では人気のある学問だった。一三世紀の著名な占星術師グィード・ボナッティは、そのスキルを活用してフィレンツェやシエナやその他の政府高官に助言していた。フィレンツェの人文主義者で司祭のマルシリオ・フィチーノは、占星魔術、医術、護符について、一四八九年の著書『三重の生』で記している。だけど、このような作業が効果を持つのは神のお陰だ、と強調することは忘れていない。「如何なる業であろうとも、それを行なう際にはその業の果実は神に願い、探し求めよ」とフィチーノは言う。「天体、および諸天にあるこれらのものをお創りになられたのは神であり、神こそそれらに力を与え、それらを常に動かして維持されている御方である」。一方ボローニャ大学では、教授たちは医師たちに、占星術による診断法を教えていた。

学者たちと神学者たちが学問としての占星術を議論し、それに身を捧げていた頃、大衆は諸天と関わり続けていた。「通常、［占星術の］人気の形態はもっぱら月相と関係するもので、他の天体の動きによるものではなかった。その理由は単純で、月の方がよく目立ち、その動きも解り易いから

である」とリチャード・キークヘーファーは『中世の魔術』（*Magic in the Middle Ages*）で述べている。「詳細な図によって、さまざまな活動に対して月齢のどの日が善いとか悪いとかが示されていた」。

占星術やその他の占いが教会の監視下に入るのは初期近代になってからのことだ。とは言っても、それでもエリートたちも凡人も、自分なりの実用魔術を止めることはなかった。

ムゼオ・インテルナツィオナーレ・デイ・タロッキは近隣住民から「魔女の家」と呼ばれている。ボローニャの田舎にあるこのタロット専門美術館は、丘の上の厳めしい石造りの家の中に隠れている。到着すると、オーナーであるモレーナ・プルトロニエーリとエルネスト・ファツィオリに館内に案内された。彼らは魔術やタロット、それに魔女術に関する本をたくさん書いていて、イタリアでタロット所縁の場所を巡るツアーまで創った。

小さいけれどとても美しく整えられた美術館の内部は、二つのフロアにわたって大アルカナと小アルカナの多彩な芸術的解釈が展示されている。私がこれまで同じ場所では見たことのないほどたくさんのデッキが硝子ケースに積み重ねられている（中でも忘れられないのは、浮世絵師の歌川国芳の作品を使った猫のタロット・デッキ）。それと壁には最古のタロットの図像が飾られ、ルネサンス

の衣装を着た人形に守られている。

タロット美術館を見て回った私は、その営為のクリエイティヴな幅の広さに打たれた。アーティストたちによるタロットの元型の探求は無限だった——タロットにインスパイアされた絵画、彫刻、映画、ファッション、フードまでが展示されている——学問としてのタロットの読み方を具体化する方法もまた無限だ。今日では、それは占いの手段だけではなく、クリエイティヴな、あるいはセラピーの道具でもある。

タロット美術館は二〇〇七年にオープンしましたが、地元民が入るようになったのは最近のことです、とファツィオリは疑わしげに笑いながら言った（だから「魔女の家」と呼ばれている）。イタリアではまだタロットのアートと科学を理解する人は少ないのです、とファツィオリ。ただの占いの道具としか見做されていません、と。明らかにイタリア人は、合衆国や連合王国の人達ほどには、最近のタロット・ルネサンスに熱中していない。

カード占いは古代中国とエジプトで行なわれていたけれど、今日の私たちが知るタロットはイタリアのカード・ゲームであるタロッキの直系の子孫だ。現存最古のイタリアのタロット・デッキである幾つかのヴィスコンティ゠スフォルツァ版は、ミラノ公が家族に目出度いことがあった際に創らせたもの。初期のものにはギリシア神話の神々が登場していたけれど、後のデッキではローマ時代や中世の宮廷生活から元型を採用するようになった。現存するヴィスコンティ・デッキは

一四五〇－八〇年頃のもので、一四枚の数札が四スート、それと二二枚の切札（大アルカナ）で構成されている。つまり今も人気の七八枚のタロット・デッキと同じだ。

タロットは誕生後、何世紀にもわたって変化し続けた。時には政治的な理由で。ファツィオリによれば、異端審問が占いを蔑視するにつれ――特に、独自のタロット・デッキを生み出したボローニャ周辺で――特定のカードが一時的に除外されることとなった。「女帝」や「女教皇」のような有力な女性が描かれたもの、それに「皇帝」や「教皇」などのカードだ。これらは権力者たちの逆鱗に触れそうだったから。

一五世紀、シエナの聖ベルナルディーノ――極めて有力な遊歴司祭――は、タロットを多くの罪深い行為のひとつと定めたとされている。彼の説教は文字通り火と硫黄に満ち満ちていて、また彼こそサヴォナローラに先立って「虚栄の篝火」をやり始めた張本人なのだ。

「大勢の庶民や権力者が参加する中、これらの〈篝火〉は主要都市の広場で、化粧品や鬘や衣装のみならず、遊戯用カード……魔術書、護符、その他の魔術、妖術、迷信用具を焼いたのである」とフランコ・モルマンドは『説教者の悪魔：シエナのベルナルディーノとルネサンス初期イタリアの地下社会』（*The Preacher's Demons: Bernardino of Siena and the Social Underworld of Early Renaissance Italy*）で述べている。

ベルナルディーノの伝記のひとつによれば、彼はタロット・デッキを焼くための特製火付け具を

持っていたという。だけどそんなのは、彼が本当に燃やしたかったものから比べればほんの序の口。聖ベルナルディーノは狂信的なまでに異端と闘い、罪人たち――特に魔女たち――を、その狂乱の集会で狩り出した。

「これらのスペクタクルの演出を通じて……および説教全般を通じて、ベルナルディーノは罪深い悪魔的な魔女術を行使した女たち、実際には単純な咒いの類いをやったに過ぎない者たちを火刑台に送っただけではない」とモルマンドは続ける、「より重要なことに彼はまた、イタリアおよびその他の都市や街に広がりつつあった魔女に対する全体的な恐怖と懐疑の雰囲気を喚起し、激化させることにも成功したのである」。

魔女術の告発は、しばしば占いの告発と同じ口から発せられた。イタリアでは、性愛魔術の実践者とホロスコープや占いの提供者はしばしば記録上で重なっている。彼女らはほとんど常に女性だ――そしてヴェネツィアやローマ、モデナ、シエナなどの都市では、彼女らはしばしば娼婦でもあった。

占いに対する懐疑は一六世紀を通じて増大したけれど、教皇パウロ四世の下で占星術に関する書物が禁じられ、実占現場を押えられた占星術師は教皇領から追放された。一五八五年、シクストゥス五世はあらゆる種類の魔術――占いを含む――は異端審問の管轄とすると宣言した。その教皇勅書は女占い師と悪魔に憑依された女を名指ししていたけれど、魔女への直接の言及はない。「邪術、

悪魔との性交、サバトへ向かう魔女の飛行などに関する言及はない」とライナー・デッカーは『教皇と魔女―宗教裁判の機密文書より』で述べている。「ただ悪魔との契約だけが名指されているが、これもまた占術との繋がりにおいてである」。

占いとキリスト教の関係は中世からルネサンスへ、そして啓蒙思想の時代へと、多くの嵐とストレスの時代を通過する。黄道十二宮の輪のように、占星術とタロットに対する一般人の見解は周期的に変化する。聖が俗になり俗が聖になる。そして黄道十二宮の輪のように、私たちは常に初めの位置に戻るらしい。星々やカードを見て、インスピレーションと答えを占うのだ。

聖女と妖術師

イタリア　シエナ

痩せこけた顔に、微かな微笑み。腐敗の途上で固定された、その切断された首は硝子の背後に保存されている。目は二度と開かれることはない。死の静謐。人々が聖骨箱の周囲に集まっている。サン・ドメニコのバシリカ。シエナのカテリーナの遺骸を見るために。近くに、彼女の一本きりの親指が、それ自身の独立した聖廟に安置されている。カトリックで最も魅惑的な聖女の一人の遺物だ。撮影は厳禁。だから私は観光客で溢れ返っているギフトショップに入った。彼女の命なき頭部を描いたプレイヤー・カードを買うために。「おおカテリーナ、最も強力なる聖女、罪人の心も、天それ自体も、御身が燃ゆる信仰、言葉、堅き信仰に抗がうを得ず」と書いてある。

本書は魔女たちについての本だけれど、ある意味、聖女たちについての本でもある。両者は同じコインの両面なのだ。超自然的な能力を持っていることを認められた女たちは名を挙げる。悪名であれ令名であれ。

「聖女と魔女は生まれながらにそうなのではなく、作られるのだ」とアン・ジェイコブソン・

シュッテは言う。『初期近代ヨーロッパの時間、空間、女性の人生』（*Time, Space, and Women's Lives in Early Modern Europe*）の中で、著者はこの二つの社会的に作られた人物像を異邦人にして義理の姉妹と位置づける。彼女たちは確かに特定の能力を持っていた。特にイタリアでは。「初期近代のイタリアの聖女と魔女の人生の中に、われわれはある種の女性との代理関係を見て取ることができる」とシュッテは論ずる。「両者の人生は、女性の本質に対する普遍的な男性の不信によって規定されていた。すなわち、厳しく管理しなければ潜在的に危険な、男とは〈別の〉、劣った何かであるとの思い込みである」。

シエナの聖カテリーナ、それに後のジャンヌ・ダルク（すぐに会うことになる）はどちらも、魔女あるいは悪魔のしもべと非難された。それにカテリーナとジャンヌはどちらも、魔女に関する大衆と聖職者の概念に影響を及ぼし続けることになる――それと、善良な女と邪悪な女の概念に。

カテリーナ・ベニンカーサは一三四七年にシエナに生まれた。幼い頃、カテリーナは生涯をキリストに捧げたいという兆しを見せ、食事は最小限に抑えつつ、聖母マリアに祈り続けた。いつの日か、聖母の独り子と結婚できますようにと。カテリーナはどこかに嫁がせたいという家族の要望に毒突き、遂には食べることを完全に止めてしまった。一部の学者のいう「聖なる不食」だ。キャロライン・ウォーカー・バイナムは『聖なる饗宴と聖なる不食：中世女性にとっての食の宗教的意義』*Holy Feast and Holy Fast: The Religious Significance of Food to Medieval Women* でこう述べている。「中世に

於いては、肉体を支配し、拒絶し、痛め付けることは、身体性の拒絶というよりも、聖性に至る道として理解されていた」。

カテリーナは遂にこのような極端な献身を両親に認めさせ、夜は家族と過すことを条件に昼はドミニコ会で学ぶことを許された。二一歳の時、彼女はイエスと「神秘の結婚」をする。カテリーナはとある手紙の中で、イエスが彼女の許に顕れ、婚約指輪の代りとして彼の包皮を与えたことを明らかにした。後に二八歳ぐらいの時、カテリーナは聖痕の印を見せたが、それは彼女が、自分の責務から気を逸らさないようにそれを顕してくださいと神に祈った結果であるという。

その短い生涯に（享年三三）、カテリーナは教会改革と教皇制度に取組み、最終的には教皇ゲオルギウス一一世の文通相手となり、イタリア中を巡って神の愛を通じた悔い改めと熱情のメッセージを説いた。カテリーナは敬虔で極端な人間だった。シグリ・ウンセットによる、今や聖女にして教会博士でもある彼女の伝記によれば、「彼女の支持者たちは彼女を聖処女、神が特別の啓示を許した幻視者と考えた。彼女の敵たちは彼女を偽善者、恥知らずの女、あるいは魔女と呼んだ」。

私がシエナで訪ねたのはサン・ドメニコにあるカテリーナの古い祈りの場だけではない。バシリカから徒歩一〇分、くねくねした玉石の通りを行くと、デル・カンポ広場がある。シエナの中心に位置する貝殻型の広場で、有名な馬の競技のパーリオが催される。この僅かに傾斜のついた広場はまた、かつての刑場でもある。また、シエナの聖ベルナルディーノがその無類の説教で情熱を――

それと罪深い虚栄を――燃やした場所でもある。

一四二七年、支持者たちに向けてベルナルディーノは熱狂的に、この街に潜む魔女どもを間もなく明らかにすると告げた。「焼け！　焼け！　焼け！」とベルナルディーノは宣言した。「私が説教したローマで何が起ったたか、知りたいか？　同じことをここシエナでも起すことができたなら！嗚呼、主なる神の御許に上げよ、同じ香を、まさにここシエナでも！」

フランコ・モルマンドは説く。「シエナの聴衆に対して、天の宮廷に上げよとベルナルディーノが煽動している〈香〉とは、通常の教会の香炉にある芳香性の松脂ではない。火刑台で焼かれた罪人たる魔女の残骸なのだ」。ベルナルディーノは最終的には言い分を通し、イタリア中の多くの女性が、彼の言葉によって焼かれた（ディナ・コルシは、たぶん性愛魔女のジョヴァンナがあれほど厳しく罰せられたのは、ベルナルディーノがフィレンツェを訪ねたばかりだったからかも知れないと述べている）。

この広場から、中世の街路をうろつき回る群衆を縫うようにして、辿り着いたのはシエナ・ドゥオーモ。このゴシックとロマネスクの建造物は、ベルナルディーノの煽動的な言葉に耳を傾けた後では完璧な口直しになってくれた。イタリアにはたくさんの目眩のするような大聖堂があり、それらはどんな賛嘆の形容詞を並べ立てても虚しく響くだけなのだけれど、シエナのドゥオーモはその最上のもののひとつだ。このそびえ立つ黒と白の縞模様の美を言い表すのに、言葉は全く役に立た

ない（私はそれを「ビートルジュースのバシリカ」と名付けた）。間違いなく、これまで足を踏み入れた数々の大聖堂の中で最も彫琢を尽したものだ。その訪問の一つ一つが巡礼だったのだけれど。

一三世紀に遡るシエナ・ドゥオーモは、かつてはローマの叡智と戦争の女神ミネルヴァに奉献されていた古代寺院の跡地に建っている。サン・ミニアート・アル・モンテと同様、この大聖堂には信じがたい象徴の描かれた床がある――タロットの図像も含めて。赤い大理石に嵌め込まれているのは「運命の輪」のタブローで、男たちが運命の進行に必死で追いつこうとしている（「運命の輪」は、大アルカナの一〇番目の切り札）。また、一〇人のシビュラ――古代ギリシアの占い師――の図像もある。デルフォイのシビュラにペルシアのシビュラ、エリュトライのシビュラにフリュギアのシビュラ、それにリビアのシビュラ。

この大聖堂のもう一つの至宝が、窮屈だけどカラフルなピッコロミーニ図書館。一五〇〇年代初頭のド派手なフレスコ画の中に、異教徒とキリスト教徒の行列を見つけた。ローマの狩猟と月と出産の女神ディアナがいる。それにシエナの聖カテリーナも。部屋の中心には、三美神の像。魅力、美貌、創造力を表すギリシアの女神。見下ろすと、元々のモザイク・タイルのデザインは凄く魔女っぽかった。黄金の三日月が鮮やかな青い三角形に嵌まっている。キリスト教とキリスト教以前の世界の繋がりが至るところにある。上なるものを讃えよ、下なるものと同様に。シエナのドゥオーモでは、天地は同じ芸術的重みと重要さを与えられている。これこそたぶん、この場所で一番

異教的なことだ。

　シエナは聖カテリーナの生誕地として知られているかもしれないけれど、遠い昔には彼女以外にもたくさんの有能な女たちの注目を浴びてきた。マテオ・ドゥニは「中世末期および初期近代のイタリアにおける魔術と魔女狩り」（Witchcraft and Witch Hunting in Late Medieval and Early Modern Italy）という論文でシエナの魔女迫害におけるジェンダー・ディヴァイドを断じ、邪術の罪で断罪された魔女の内、九九％という驚くべき割合を女性が占めていた。さらに、治療師の圧倒的大多数も女性であった」と述べている。この女のパワーと迫害の遺産は、今もシエナの建造物とその物語に生きている。女神と邪悪な魔女、それに尊い聖女が混じり合う瞠目の街・シエナ。それは善悪の境界というものが――特に女が絡むと――しばしば恣意的な、架空のものになってしまうという事実を思い出させてくれる。

リグーリアの夏

イタリア　トリオーラとジェノヴァ

石たちが歌っている。狭い街路に響き渡る、私のレザーのヒールが石の上で立てる音。そこにいにしえの井戸からぽたぽた、ぽたぽた落ちる水の音が、大地の不協和音を奏でる。私はトリオーラの外周を彷徨っている。同行者はこの足音のリズムだけ。木立は歪み、屋根は凹み、壁は腐食しているけれど、石はまだそこにある。漏水に洗われ、何千年もの時の流れに痛め付けられてはいるものの、まだ語るべきことがある。

草花や樹々に覆われた廃屋の中心を覗き込む。街境近くのこの場所だ、石が語り始めたのは。頃合いの場所を見つけて地面に寝転び、壮大な山の風景に見入る。そして彼らの声を身に浴びる。彼らは岩盤で、彼らは建物だ。その最も単純な形で、彼らは最も貧しい者たちを大自然の猛威から守っている。けれど、人間からは守ってやれなかった。彼らのすべすべしたファサードに掌を押しつける。彼らの気持ちが解るように。きめの荒さは年月が研磨してしまった。ここで起った恐怖の鋭さと同じく。

夏至の前日、私はトリオーラへ無茶なドライヴに出た。イタリア・アルプスの高地、フランス国境近くの景勝地にひっそり佇むトリオーラは絵のように美しい小村で、かつてはリグーリア人、ケルト人、ケルト＝リグーリア人、そして後にはローマ人の地だった。今ではパンと魔女の地として知られている。

私の訪問は偶然、夏至祭に当たっていて、現在この村はネオ・ペイガンの楽園と化していた。設えられたテーブルでは、魔女グッズが売られている。木製のウィジャ盤だとか、有角神バフォメットの像だとか、手描きの猫の絵だとか。*Sensitiva*（霊能）という看板のテントでは、リーディングをやっている。「マンドラゴラの歴史と神話」という魔術ワークショップでは、タロットやペンデュラム魔術、数秘術の講義をやっていて、日がな地産のハーブが焚かれている。

セイラムをさかのぼること一世紀、トリオーラはパラノイアと村同士のいさかい、邪悪な魔女術への恐怖が支配する流血の巷《ちまた》と化した。一六世紀、村は繁栄していたけれど、一五八七年までに緊張は高まっていた。飢餓。ある歴史家によれば、その原因は自らの倉を満たそうとした地主が、穀物の値段を上げたことだった。だけど、食糧不足に拍車を掛けたのが何であれ、人々は飢えに向かっていた。この不幸の原因を求めて、トリオーラは魔女狩りの頃のヨーロッパの多くがやっていたことをやった。つまり彼らの中で、最も周縁化されていた人たちに罪をなすり付けたのだ。トリオーラは、街外れのカボティーナ地区に住んでいた貧しい女性たちに狙いを定めた。彼女たちはた

いていは農民やシングルマザー、それに娼婦だった。

魔女術に対する正式な調査を開始するため、街は資力を蓄えて、ジェノヴァから審問官を呼ぶことにした。その直後、恐怖の熱狂に駆られた教区民たちは、ある日、ミサの間に一ダースを優に超える女たちを名指した。あいつらの所為だと。続いて拷問によって自供が引き出され、魔女が呪いをかけて子供たちを殺しているという地元の疑念は実証された。

間もなく、街の上層部にも告発が広まり始めた。三〇人からの人が獄死した。もはや、カボティーナの貧しい宿無しだけではなく、地主の妻や母、姉妹たちが十字砲火を受け始めた――そして少数の男たちも。ジェノヴァ当局から任命された熱意のありすぎる査察官ジュリオ・スクリバーニは、さらに拷問を強化しはじめた。告発された女性の一部はジェノヴァの監獄に移送されたけど、そこで罪状の自供を撤回した。ヒステリーは拡大し、村の権力者たちは事の真相を知って撤退を開始したけれど、その時点で少数の女たちは拷問や自殺で命を落としていた。告発された人のほとんどは処刑されることはなかったけれど、少なくとも四人が火刑台で焼かれた。

長い間、リグーリアの山の中のこの小さな街で起ったことは、その名声に着いた汚点以外の何ものでもなかった。二〇世紀末、数人の村人が話をひっくり返そうと決意するまで――ちょうどセイラムと同じように。最近では、トリオーラは魔女術の実践や魔女集会、ネオ・ペイガン・フェスなどが開催される安息の地だ。街はラマス、リーザ、ベルタン、サウィン、マボンなどの季節の祭や、

ストリゴーラ――Trioraとstreghe（魔女）の合成語――を主催している。最後のものは、毎年八月中旬に魔女を讃えて行なわれる。

トリオーラはまた、過去の魔女狩りを讃えてもいる。サン・ベルナルディーノ教会のフレスコ画には魔女が描かれているし、一六世紀の魔女狩りを主題とする博物館も二つある――ムゼオ・ディ・トリオーラ・エトノグラフィコ・エ・デラ・ストレゴネリアと、ムゼオ・エトノストリコ・デラ・ストレゴネリア。後者は再建されたパラッツォ・ステラにある。魔女裁判が行なわれた場所だ。

フェスの人並みを掻き分けて、石の街路を辿り、街境を目指す。そこでは魔女魔女しい壁画が訪問者を迎えている。地元のご馳走を売っている店で足を止める。ホームメイドのパンにペスト、それにリモンチェッロ――いつも名前が挙がるやつ――それと、魔女っぽいスイーツ。どれにしようかな。「魔女の接吻」か「悪魔の睾丸」、どちらも違う味のチョコレートとヘイゼルナッツのボンボン。カウンターの向こうの女は、テーブルの上のお菓子を指さしながら、にっこにこでその名前を英語で言う。もう選べないから、両方とも口の中で溶かしつつ、カボティーナを探しに向かう。魔女の帽子だの魔女のシャツ、魔女の彫像だのを売っている店を通り過ぎて。セイラムと同じで、トリオーラの商業的な側面には正直辟易するけれど――実際、この二つの街で、全く同じ大量生産の商品が売られていたりするし――こういう信じられない光景の中にいるのは楽しくないこともない。

ペンキ塗りの戸口の上に黒猫たちがアーチを成し、魔女がポーズを取って、街中で時空の歪んだ中世へと誘っている。とうとうカボティーナに辿り着いた私は足を止めて、周囲を山に囲まれた目眩く風景を眺めた。街で最も貧しい部分で、辛うじて残っているのは石と木の崩れかけた建物だけだ。草木が生い茂り、一面に野生のフクシア。まさにこの場所から邪悪が発生したと考えられたなんて想像もできない。鳥たちが木から木へと飛び移っている。草の上に腰を下ろしていると、他の観光客が行き交って、私の白昼夢を邪魔する。

もうすぐフェスが始まる。街の広場からの音に導かれてトリオーラの中心へ戻った。バーズ・フロム・イエスタデイがウォーミングアップ中。その辺に座り込んでプロシュートをパンに挟んで頬張りながらビールをがぶ飲みしている人が何人か。「ウィスキー・イン・ザ・ジャー」から「ドランクン・セイラー」まで、アイリッシュ・フォークをイタリアのフェスで聴くなんて。でもこの土地はケルトとも縁があるし、イベントの性格からしても、そんな場違いでもないかな。

数時間後、呑み騒ぐ人たちの松明行列がトリオーラを練り歩いた。中世音楽のバンドを引き連れて、凸凹した石の街路の上を、山腹に建てられた家の周囲を。四方位のそれぞれで、それに見物人が集まってカメラを向ける度に立ち止まっている。お目当ては火の着いた角冠を被った火踊りの人、それと火の着いたフラフープを首や胴体で回している女。赤いボディスとドレスの女が群衆を導いて、火の光を迎えている。燃える輪が街の広場の中央の、炎の塔に押しつけられる。火が着くと、

親と子が手を取り合って、燃え盛る焚火の周囲に輪となって踊る。見る阿呆たちはその周囲でジェラートを食べている。火は膨らんではじける。人々は皆同じ動きで仰け反る。

翌日、私はジェノヴァにいた。豹柄のベッドカバーの上で大の字になり、パラッツォ・ドゥカーレを眺める。サン・ジョヴァンニ祭の前夜――またの名を、*la notte delle streghe*（魔女たちの夜）――遙かに大きな焚火が私を待っている。通りを隔てたところに、クリストファー・コロンブスの先祖代々の家。角を曲るとフェラーリ広場だけど、何もスポーツカーを作っているわけじゃない。港に鴎が滑り込んで来る。ジェノヴァは一時、強大な海軍力を持っていたけれど、今ではこじんまりとした古風な街で、地下鉄には駅が八つしかない。私が泊っていたのはトーレ・ドゥカーレ。中世の館で、ジェノヴァが一望できる。二つのメドゥーサのモザイク画が、私のドアの外で顔をしかめている。頭の上で網状に交差する梁は、もう五〇〇年以上もこの建物の重量を支えてきたのだ。

聖ヨハネ祭の前夜は、大昔からハーブ集めや魔女の集会と関連づけられてきた。シエナの聖ベルナルディーノはかつて、説教の中で聖ヨハネ祭の際に集められた植物で作った軟膏について警告を発した。何でも、それを使うと魔女は猫に変身できるとか。だけどこの時季の儀式については、単

なる怪異伝説以上の実際的な理由がある。ジェフリー・バートン・ラッセルは『中世の魔女術』（*Witchcraft in the Middle Ages*）において、次のように説明している。「六月二三日、それはたまたま洗礼者聖ヨハネ祭の前夜であるが、夏至の前夜でもあり、太陽の勝利と植物の再生を祝う火と豊饒の祭のクライマックスでもある」。

私が魔女の夜にジェノヴァについた時、パラッツォ・ビアンコでアルブレヒト・デューラー展をやっていたのはまことに似つかわしかった。ドイツの画家デューラーは魔女の絵で知られていて、陰惨なものを詳細に描く大家だ。彼の『後ろ向きに山羊に乗る魔女』は、細部を拡大して見るのが実に愉しい。一五〇〇年頃に制作された版画は想像していたよりかなり――というか、遥かに――小さかったけれど、家来の動物に威風堂々と乗る皺くちゃ婆さんは実物よりも遥かに大きく感じられた。

ギャラリーを出た私は道を間違え、赤線地帯の迷路に迷い込んでしまった。ぴっちぴちの服装でドアにぶらさがったり、踏み段に座っている姐さんたちにドゥカーレ広場へ戻る道はと思い切って訊ねると、キスされて笑われた。もう遅いけれど、空はまだ薔薇色で、子供たちも毎年の「幽霊ツアー」の地図を片手に歩いている。この街の歴史上の魔女や無頼漢、幽霊などの史跡を訪ねて回る散歩コースだ（二〇一九年版のツアーでは、西リグーリア――たぶんトリオーラ――を逃げ出した二人の老いたライバル魔女が、ガリバルディ広場で魔術勝負をする話がフィーチャーされていた）。ピンク・フ

ロイドの『ザ・ウォール』発売四〇周年を記念して、ライトショウと共にバンドがこのアルバムの全曲演奏を始めた。その遙か上の席でそれを見ながら、私は焚火がともされるのを待った。

サン・ジョヴァンニ・バティスタはジェノヴァの守護聖人だから、この夜をこの街と分かち合うのは格別の意味がある。たまたま夏至に当たっているけれど、このキリスト教の祝祭は一年で一番長い日を記念するそれ以前の儀式に上手く一致している。キャロル・フィールドは『イタリアを祝う：饗宴、祭事、食物』(*Celebrating Italy: Feasts, Festivals, and Foods*)でこう述べている。「キリスト教はただ、異教の焚火をサン・ジョヴァンニ祭に移植しただけである……また、髭面に獣の皮を着て蜜とイナゴを食するサン・ジョヴァンニは、古代の野の神や、玄冬の地母神と結婚した神話の森の王に似ている」。

私はこれまで、裏庭や海岸、街のごみ箱なんかの焚火を見てきたけれど、これはそのどれよりも凄かった。老いも若きも、観光客もジモティも、薪山の柵の周囲にぎっしり密集している。安全管理者たちが、今にも着火しようとしている焚付けに厳しく目を光らせているけれど、彼らの存在はどこか、この巨大な炎が夜空に切り込もうとするのに合わせて強くなるみんなの驚きと興奮を邪魔しているようだ。私を含む数百人の髪や衣服に、灰が雨霰のように急降下爆撃を加える。私たちはげらげら笑いながら、炎の副産物を払いのけ、そしてますます炎に向かって押し合いへし合う。

ある者は陶然と火の傍に立ち尽くし、両手を広げて祈っている。ある者は電話を空中へ高く掲げ

て、この光景を記録しようと必死だ。フォークを奏でるアコーディオンとフィドルのデュオが、炎の高まりと共に飛び入った。マントに魔女のとんがり帽子のコスプレ女が炎に狂喜している。子供たちは親たちの肩に担ぎ上げられ、畏怖している。

昨晩のトリオーラの焚火はある意味パフォーマンスで、選ばれた少数の者のみがネオ・ペイガンの儀式に没入していて、それ以外の人たちはみんな見物しているだけだった。だけどジェノヴァでは、観客なんていやしない。みんなが直接参加している。何時間も、たったひとつの脈動する力が私たちを虜にしていた。人々は腕を組み、輪になってスキップし、パートナーを取り換える。馬鹿笑いと叫び声が夜空に放たれる。この上なく自然な形で、魅惑的かつ儀式的。イニシエイトされていない共同体の魔術が、見知らぬ人たちの間に相乗効果《シナジー》を創り出す。この上なく純粋な儀式の形だ――ほとんどの参加者は、儀式に参加しようとして意識的にそこにいたのではないのだから。私は焚火が燃え尽きるまでそれを見ていた。真夜中はとっくに過ぎている。髪と服に煙の匂いをたっぷり付けて立ち去った。ヴァイオリンとアコーディオンの旋律は、まだ広場《ピアッツァ》にこだましている。

私の夏至の週末は、翌朝、ポルト・ヴェネーレで終りを告げた。ジェノヴァから電車とフェリーを乗り継いだ先にあるそれは、リグーリアの最も神聖な宝石。崇高なるペスト〔訳注：パスタソースの一種〕、しなやかなフォカッチャ、それに海食崖の華麗な中世の教会は、かつてはウェヌスに奉献されていた聖地に建っている。かつてここに逗留した浪曼派耽美主義者バイロン卿――これま

た魔女を書いている——は、この海で泳ぎ、この岩の上で執筆し、この海岸で日光浴をしていた。
うだるような暑さの中、長い階段を上って聖ペトロ教会に辿り着いた。蒸し蒸しする静寂の中に入り、献金をしてウェヌスのために蝋燭を灯す。この港の語源だ。石の柱の間から海を覗き見る。千フィート以上も下の幻惑のセルリアン。この教会は、その形と機能においてはキリスト教のものだけれど、ローマの愛の女神を生み出した塩と泡と豊饒の海に捧げられた神殿のように感じられる。聖ペトロの会衆席でただ一人、千年の祈りの残余を吸い込んだ。全身が汗で滑り、遂に去ろうと立ち上がった時には足下の大理石の床はつるつるしていた。縞模様の壁に身を支えながら、断崖に刻まれた崩れかけの階段を降り始める。ブーツのヒールがまたしても、岩をそそのかして歌わせる。私は海に戻った。旅を続けるために。

とある魔女のヴァティカン・ツアー

ヴァティカン市国

ヴァティカン市国の「魔女観光」は……ちと複雑だ。もう既に轟々たる非難が聞こえてくるわ。いやしくも自尊心ある魔女の旅人たるもの、いったい全体何だって、その破滅的な気まぐれと片意地なドグマのせいで数え切れないほど多くの人々を苦しめた組織の暗黒の中枢なんぞに足を踏み入れなくちゃならないの？　魔女狩りの歴史の多くがそうだけれど、目に見えるもの以上の物語がある。異端という昔ながらのジャングルを自ら切り開き、かつて魔女迫害の火を掻立てた組織と対峙したいと望む、恐れを知らぬ人々なら、ヴァティカンこそがグラウンド・ゼロだから。

一年のほとんどの日において、ヴァティカンを訪ねるということは常に、何らかの濃厚接触がある。とにかく息苦しいし、混んでるし、気がつくと大勢の見知らぬ人から、敬虔なるキリスト教信仰の狂宴を否応なく浴びせかけられることになる。特にぎっちぎちに混んでいる時には、カトリシズムの総本山を巡礼する大群衆は、例えばシスティーナ礼拝堂みたいな特定の部屋が満員になると、その間の廊下で強制的に立ち往生させられる。観光客の衝突に備えて、私は生命維持のための軽食

を懐に忍ばせ、防御のためのお気に入りの護符を肌身離さず持ち歩き、入場拒否されないように穏当な服装に身を包んだ。

豪奢さにかけては圧倒的なヴァティカンさまは、たくさんのギャラリーや博物館、庭園、ヴィラ、礼拝堂、そして記念碑的なひとつのバシリカを誇っている。ここの精選された品々の山を前にしては、選択肢はただひとつ――異教だ、異教を見るのだ。

意外かも知れないけれど、ヴァティカンのいろんな場所で、非キリスト教の神々がにこやかに展示されているのだ――ネオ・ペイガニズムの中に堂々と飾られているキリスト教のアイコンのように。いったん中に入ると、まずはツアーガイドさんに、私のお気に入りのキリスト教の「魔女」の場所を訊ねた。最初に向かったのは、ヴァティカン絵画館。エデンの園でアダムを見下ろしているエヴァを見るために。ヴェンツェル・ピーターの『エデンの園のアダムとエヴァ』で、彼女は片手で蛇を指さし、もう片方の手で夫にジューシーな真実を噛むよう唆している。

次に、聖痕を持つシエナの聖カテリーナ。フランチェスコ・メッシーナのブロンズ像「シエナのカテリーナ」で、近代宗教美術コレクションにある。カテリーナの近くに、永遠に愛されるもう一人の聖女がファンを悩殺している。オディロン・ルドンによるティーンエイジの魔女の卓越した肖像画、「ジャンヌ・ダルク」が同じコレクションに収められているのだ。

キリスト教徒みたいに満足して、私はそれからの一時間を、精巧に装飾された部屋から部屋へと

ぶらつきながら異教の女神を堪能して過した。ギリシアの愛の女神アフロディーテは特にリスペクト。アルドブランディーニの婚礼の間のフレスコ画だ。獅子の頭のエジプトの戦争の女神セクメトと語り合う。彼女の像は壮大なピーニャの中庭の壁龕《へきがん》のテラスにある。それと、陶器のキュリクスにいたギリシアの智慧の女神アテナとひょっこり出くわした。グレゴリアーノ・エトルリア美術館にあるこの作品は、イアソーンを救う処女戦士を描いている。

ヴァティカンの凄い作品たちを凝視する内に、私は魔女狩りとカトリック教会に関するよく知られた神話のリストを心の中でまとめ始めていた。こと魔女に関して言えば、いつだって誤情報が山のようにある。

神話1：異端審問こそ魔女狩りの唯一の原因だ

魔女狩りと言えばカトリック教会だけのせいにしがちだけれど、世俗の——そして後にはプロテスタントの——権力がいなければ、邪術に対する迫害はきっと全く違ったものになっていた。一二世紀、カタリ派やヴァルド派といった腕白なキリスト教集団——それとユダヤ教徒とムスリム——を見たカトリック教会は、異端を弾圧しようという気をむくむくと起した。この新たな攻勢で、教会と国家はあっと言う間に結託し、一二三一年には異端は教会裁判所において、世俗裁判所における反逆罪と同じものとして取り扱われるようになった。つまり死刑。このことが異端審問所の開設

に繋がっていくことになる。今なお拷問の叫びや熱心な火刑の炎を思い起こさせるおぞましい機関。異端審問は簡単に言えば教会の一部門で、ありとあらゆる異端を尋問し起訴する権力を持っていた——魔女を含めて。そうは言っても、異端審問官だけが単独でそれをやっていたのではなくて、世俗権力との提携は続いていた。時には破門だとか、さまざまな軽い贖罪が命じられることもあった。だけど多くの場合は、古い教令 *Ecclesia non sitit sanguinem*（教会は血に渇いてはいない）の煙幕が使われて、異端に死刑を宣告する責任を回避していた。

ライナー・デッカーは『教皇と魔女―宗教裁判の機密文書より』でこう説明している。「正式には、異端審問官といえども自分で死刑を決定することはできなかった……［だが］異端審問官が被告人を世俗の手に委ねる時、穏便な措置を願うという方式を採用した。しかしそれは口先だけのことに過ぎず、そう依頼された統治権者は、自分に求められているものが本当は何なのかをよく知っていたのだ」。

ヴァティカンに腰を落ち着けて、私は何時間も首を伸し、彫刻やフレスコ画を下から盗撮したけれど、ツアーガイドはずっと下を見ろと言い続けていた。ギリシア十字ホールに入った時、私は壮大なモザイク画を見てとろけた。中央にアテナの胸像、その周囲を金の星と月の相が取り巻いている（こっそり満月の儀式をするには持って来いの場所だ）。その後、私はもう一つの美しいローマ時代

のモザイク画を見つけた。三世紀のもので、メドゥサがゴージャスな蛇のたてがみを全開にしている。異教の魔術は本当にこの場所の床に息づいているのだ。

神話2：カトリック教会が一番多くの魔女を殺した

カトリックの異端審問は占いから降霊術、魔女術に至るまでの異端とされるものを迫害する基準を定めたにしても、初期近代の魔女狩りの終りまでには、世俗の裁判所とプロテスタントの聖職者だって同じくらいその手を血に染めていたとされている。実際、最近の研究では、最も恐ろしい魔女狩りの嵐が吹き荒れたのは、カトリックとプロテスタントが信者数を巡って熾烈な争いを繰り広げていた地域だったと判明している。

「エコノミック・ジャーナル」誌に発表されたピーター・T・リースンとジェイコブ・W・ラスの魔女狩り研究によれば、「ヨーロッパの魔女裁判は、キリスト教世界において信仰告白を巡る競争が行なわれている地域での宗教の市場シェアにおけるカトリック・プロテスタント両教会間の非価格競争を反映している」。二人の著者は、宗教改革と対抗宗教改革の間のこのイデオロギー的バトルを、現代の合衆国の共和党と民主党のそれになぞらえて、重要州におけるキャンペーン活動にフォカスしている。「魔女術に対する大衆の信仰をてこに、魔女迫害者らはサタンの悪の地上的顕現から市民を守るための自らの信仰ブランドの約束と力を宣伝した」と二人は言う。「決断力のな

いキリスト教徒の忠節を惹き付けるために」。

では、魔女たちはヴァティカンのどこにいる？（もちろん、お忍びで旅してる私たちは除外、だけど）。この場所にはたくさんの「魔女たち」がいるけれど、一番魔女魔女しい芸術作品はこれまで挙げてきた作品たちじゃなくて、ミケランジェロのシスティーナ礼拝堂だ。

この礼拝堂に入ると、美術館の案内係は静粛を求めた。写真もNG。だから私は床に座って天井と壁を見上げ、その壮麗さを取り込んだ。一五〇八年から一五一二年までかかって描かれた画家入魂のシスティーナ礼拝堂中央フレスコ画は、人間の堕落を描いている。エヴァに林檎を手渡す、人間のような形をした蛇女。半人半獣の蛇のような誘惑者は、太いピンクの肉々しい尾を木に固く巻き付けている。この作品以前にもこの蛇に女の顔を与えた作例はいくつもあるけれど、たぶんこの悪魔の蛇に乳房と尻と流れる長髪を与えたのはミケランジェロが初だ。

中央フレスコ画の周囲にも、異教のベイブたちの一団がいる。ミケランジェロは古代世界の五人のシビュラを描いているのだ。ペルシアのシビュラ、エリュトライのシビュラ、クーマエのシビュラ、そしてギリシアで一番悪名固い予言者であるデルフォイのシビュラ。アポロンからヴィジョンを受けたトロイア戦争の幻視者。聖女と魔女が特定のアトリビュートを共有しているように、シビュラと魔女も共有している。ジュール・ミシュレは『魔女』でこう述べている。

規則正しく反復される気分の高揚を通じて、女性はシビュラである。愛によって、彼女は「女魔法使い《マジシアン》」である。固有の繊細さ、いたずら気――しばしば気まぐれで、善意から発するものだ――を通じて、彼女は「魔女《ソルシエール》」であり、術を駆使する……

神話3：魔女術として処罰された行為はキリスト教以前の魔術の別形態だ

異端審問が迫害した邪術は民俗魔術、儀式魔術、そしてさまざまな時代に起源を持ち、長年の間に発展してきた非伝統的なキリスト教の儀式の混合だ。例えば、中世後期と初期近代のイタリアで行なわれていたいわゆる魔女術のほとんどはカトリックからヒントを得ているけれど、「しばしば公式教義とは食い違っていた」とマッテオ・ドゥーニは言う。「魔術行為の圧倒的大多数は、教会の儀式から借用した要素を含んでいる……実際、性愛魔術の中でも最も一般的なものの一部は〈オリアゾーニ〉すなわち祈禱として知られているが、その形式と言語を模倣している」。カトリシズムと魔女術はしばしば奇妙な――だけど象徴的な――同衾者になるのだ。

私は『人間の堕落』の反対側の壁の祭壇にある『最後の審判』に向き直り、地下の地獄から這い出してくる悪魔たちに直面した。一人でも多くの人間たちを引きずり込もうとしている。ここには魔女それ自体はいないけれど、地獄に墜とされる人たちは動物みたいで、地上の動物の耳や角や爪

を持っている。このような表現技法はルネサンスを通じてサタン崇拝の魔女を描写するのに使われた。魔女は猫や犬、そしてあらゆる動物に変身すると信じられていた――あるいは、動物の姿をした使い魔を連れていると。

システィーナ礼拝堂を出ると、すぐ近くに栄光のベヒーモス、すなわち聖ペトロのバシリカがあった。スイス護衛兵の幹部団が、昔風の奇矯な軍服を着て更新していく。何本もの自撮り棒が視界に入っていなければ、そのまま過去へタイムスリップしていたかも。目の前にバシリカが巨大な姿を現す。その華麗な扉を潜る。中に入ると、教皇説教壇の上の天蓋《バルダッキーノ》に目が釘付けになった。大理石の柱脚に支えられている。ツアーガイドは、上の方にある出産に苦しむ女の顔の彫刻を指し、それから下にある、にやにやするサテュルスの顔を指した。彼女は下に降りて死者の国を探訪するオプションツアーがある、と言った。一世紀以来の教皇の石棺と異教の墓があるという話だけど、断った。帰りに備えて節約しなくては。

神話4：カトリック教会は常に魔女を痛め付けてきた

中世と初期近代を通じて、魔女術とそれに相応しい処罰について、教会によるたったひとつの決定的な見解というものは存在しなかった。「理論面においても、また悪魔と魔術に対する実際の取組み方においても、その実態はまことに千差万別であった」とライナー・デッカーは言う。一般的

な思い込みに反して、ローマは時たま、多くの魔女迫害の際に血に渇く煽動者ではなく、理性の声となったのだ。デッカーが述べているように、「魔女迫害に現を抜かすカトリック教会といった十把一絡げの評言は不当である」し、「プロテスタント陣営の、啓蒙された、自由主義的な歴史家がかつて世間に流布した〈黒い伝説〉」に騙されてはならない。教会は間違いなく、魔術と魔女術に対する迫害に――そして異端という観念に――計り知れないほど関与していたけれども、魔女狩りにおけるその役割は誹謗と一知半解によって歪曲されている。

ローマ・カトリックのドラマを堪能した私は、群衆を追って出口へ向かう途中でヴァティカン・ギフトショップに立ち寄った。金銀の十字架、聖像、聖人のメダル、ポケットボトル入りの聖水なんかをのんべんだらりと眺めていて、魔女を名乗る友人たちなら、これらの儀式用具を上手く活用するだろうなと思った――私の敬虔なカトリック信者であるお祖母ちゃんに負けないくらいに。この混淆的な妖術は新しいものでも何でもない。中世と初期近代のヨーロッパの、告発された多くの魔女たちもまた、自分たちの *materia magica*（魔術道具）をカトリック教会から持って来ていたのだ。

買ったばかりのロザリオの珠を愛撫していて気づいた。イタリアで訪ねた全ての場所の中で、一番魔女魔女しかったのはヴァティカンなのでは。あまりにも皮肉が効いてて、大笑いしてしまった。キリスト教以前の神々やオカルトの象徴学が至る所にあったし、床の下には異教の納骨堂が眠って

いる。ヴァティカンって、まさに魔女が訪ねるべき訪問先だわ。確かにカトリック教会は魔女を殲滅しようとしたけれど、どっこい魔女たちはその内部に生きている。ありふれた風景の中に隠れ潜んで。

鉄の処女

フランス　ルーアン

彼女は闇に紛れてオルレアンの街に入った。熾天使に寄り添われた甲冑の天使。フラ・ダ・リ（百合の花の紋章）の描かれた白い軍旗を着けた白馬に乗った彼女は、空を背にした一条の光、敵の死を示す死霊のマーキー。その手には聖母マリアを称える天使を描いたペナント。耳にするのは、イングランド兵の断末魔。フランスを解放に導き、知識の種子をもたらす聖なる声の不協和音。だが彼女が生きてその果実を見ることはない。間もなく戦場で一本の矢が肩を貫くことを彼女は知っている、それが実際に空を切り、彼女の身を裂く遙か前から。ジャンヌ・ダルクはまた、あの力強き戦士たちが、彼女の予言の前に膝を屈するのを知っている。

オルレアンの男ジャン・ルイリエは証言した、彼の見たジャンヌは「男に女、偉大な者に卑しき者、全ての者に大いなる喜びと喝采を以て歓迎されていました。あたかも彼女が神の天使の一人であるかのように！」。ジャンヌが「天使のようだった」というのは、そのままの意味だ。全能なる神のために戦争を遂行したのはまさしく天使たちなのだから。彼女は剣ではなく、戦旗を手にする

ことを好んだ。彼女の最も鋭い武器はその聖なる導きだったのだから。そしてジャンヌは何千人ものイングランド兵の死を予言したけれど、彼女自身はただの一人も手にかけてはいない――というか、少なくとも彼女はそう述べている。四日に及ぶオルレアンでの戦の後、ジャンヌは七ヶ月にわたって続いていた攻城戦を終らせた。フランス人に対して、彼女は自らが獰猛にして真正なる奇蹟をもたらす者であることを証明したのだ。そして百年戦争における最大の戦死者を出したイングランド人に対しては、ジャンヌは自らが魔女であることを証明した。こんな偉業を成し遂げることができるのは悪魔だけだ、と彼らは言った。彼女の妖術を必ず止める、と彼らは誓った。

「ハレルヤ、私は魔女、私は魔女……」

ルーアンに就いた時、夏の電波にポップ・シングルの新作が流れていた。その歌のミュージック・ヴィデオには、フェミニストのメッセージとジェンダークイアな美学が混ぜこぜになっている。スクリーンには「Virginity is a social construct」の文字。叩かれまくってるマイリー・サイラスが赤いラテックスのキャットスーツ姿で、床の上で身悶えているかと思ったら、次の瞬間には甲冑

のジャンヌ・ダルクのコスプレをして白馬の上で剣を高く掲げている。一四三一年にジャンヌが息を引き取った街に入った時、彼女の影響力は依然として明白で、選りに選ってこれ以上あり得ない場所にまで浸透していた。

ルーアンには今もジャンヌが生きている。息づいている――街の広場で、彼女が残酷に処刑されたのは六〇〇年近く前なのに。パリから気楽な日帰り旅行で来れるノルマンディの首都は、古風な丸石の街路と木骨造りの家々がいっぱい。気持ちのいい晴れの日にガール・ド・ルーアン＝リヴ・ドロワを出ると、ジャンヌ・ダルク通りを歩いていた。質素だけど手入れの行き届いた、石垣に水の流れる公園でふんぞり返っているギ・ド・モーパッサン像を通り過ぎる。すぐ近くに、マルセル・デュシャン遊歩道が広がっていて、その前にミュゼ・デ・ボザール・ド・ルーアン。その入口で、コールダーの巨大彫刻がバランスを取っている。

教会はどれも隅々まで装飾が施されている。ルーアンで一番大きなゴシック様式のローマ・カトリック教会はサン・トゥアンにちなんで名付けられた。教会の正面は風雪に曝されて黒ずみ、それ以外の保存の良い、白い部分と比べると腐敗した骨みたいな印象。ジャンヌが最初に火刑台で焼かれるために送られたのは、ここの墓地だった。審問官が彼女を火刑に処す前に、彼女は脅迫の下で放棄の誓約書に署名し、自分に聞えたと証言した声は現実ではなく、もはや二度と武器を持つこともなく、また男装や断髪もすることはありませんと約束した。それで何とか生きたままサン・トゥ

アンの土地を去ることができたけれど、それは一ヶ月と保たなかった。印象的な建物を過ぎると、太陽がその尖塔の背後にひょいと隠れ、それからまた顔を出した。その不気味な光のショウは、教会の権力を表す的確なアレゴリーだ。

〈オルレアンの乙女〉は、今も多くの人にとっては殉教者のアイコン。魔女が大衆の関心を惹くに相応しい、絶えず移り変わる元型であるのと同様に、ジャンヌ・ダルクもまた多くの人にとってそうだった。フェミニスト界隈じゃ、彼女は女性の強さと賢さの象徴として、ニューロダイヴァシティとジェンダークイアなアイデンティティのアイコンとして、そして一部の人にとっては女性が聖なるものの依代になれることの証拠としてそれぞれ信奉されている。

私たちが今ジャンヌ・ダルクと呼んでいる田舎娘は、数え切れないほどの本、芝居、映画の主題として、何世紀もの間にあらゆる種類の人々により創造され、再創造されてきた。「彼女は、あらゆる思想の持ち主から、熱烈な闘士のアイコンであると主張されてきた」とモヤ・ロングスタッフは彼女の伝記で述べている。「聖職者、反教権主義者、国粋主義者、共和主義者、社会主義者、陰謀論者、フェミニスト……」。ジャンヌに共鳴する唯一のタイプというものはない。それに、人々が共鳴する唯一のジャンヌも。

ジャンヌの物語の探求への最初の入口は、ジャンヌ・ダルク歴史館と題されている。この博物館はガイドツアーでしか入れない。そのツアーというのも、ジャンヌ・ダルクの歴史と伝説を巡る

ヴァーチャルなマルチメディアの旅。それが復元された中世の大司教の宮殿で繰り広げられるのだ。石壁に躍るプロジェクション・マッピングがジャンヌの生涯を実演し、裁判記録のナレーションと再現が流れる。というのも、私たちがこの〈乙女〉について知っているのは、一四三一年の異端裁判と、一四五六年の復権裁判の記録にしかないからだ。

ジャンヌは、その短い生涯において「ジャンヌ・ダルク」と呼ばれたことはない。彼女が父親の姓――ダルク――を明かしたのは一四三一年二月の裁判の初日のこと。以来、人々は彼女のことをそう呼んできた。「*Joan of Arc* もしくは *Jeanne d'Arc* という名称は、胡散臭い貴族のような「*d'*」と共に、英語でも仏語でも奇妙なほど他人行儀で高雅な印象を与える。それは一九歳のジャンヌの人格にとっては極めて誤解を招きやすいことである」とロングスタッフは説く。「彼女は自らをジャンヌ・ダルク、つまり *Jeanne d'Arc* と名乗ったことはない。ただ単に、*La Pucelle*（乙女）もしくは *La Pucelle de Dieu*（神の婢）と呼ばれることを望んだ。それによって、彼女が自らの意志や野心によって来たのではなく、如何なる教派の手先でもなく、全能者の命令によって到来した、神によって送り込まれた〈乙女〉であると確信しており、また他の人々にもそう認めてもらいたい、ということを常に兵士たちに思い起こさせたのである」。

一四一二年に生まれたジャンヌは、ドンレミの村の愛情深く敬虔な自作農の家族の下で育った（村は後に、彼女に因んでドンレミ＝ラ＝ピュセルと改称された）。彼女は裁縫と糸紡ぎを学び、そして

彼女の母は、キリスト教の信仰について知っている限りのことを彼女に教えた。幼い頃からジャンヌは霊の世界の神秘に親しんでいた。村のすぐ外に伝説の樹があって、彼女を初めとするドンレミの子供たちはその樹を訪ねてその周囲で歌い踊り、枝に花輪を投げた。妖精の樹とか聖母の樹とか呼ばれていたそれは樹齢数百年、すぐそばの泉と同様、病を癒す力があるとされていた。ジャンヌの教母はそこで妖精を見たと彼女に言ったけれど、ジャンヌがそれを信じたかどうかは明らかにしていない。だけど一三歳の頃、言語に絶するものとジャンヌとの交流が始まった。

父の庭園にいた時、何かが変化したのを感じました、とジャンヌは裁判で証言した。慣れ親しんでいた景色と音がそれ以来、すっかり変ってしまったのだ。既に明るい真夏の日の視界に、光が射し込まれ、ジャンヌは恐れ戦いた。右側が燃え盛るように輝き、天使の声が、献身を続けよと言った。そうすればいつの日か、彼女を導いてフランスを救おうと。週に何度も、聖ミカエル、聖カテリーナ、聖マルガリタが顕れてジャンヌに語りかけ、彼女の運命に関するメッセージを授けるようになった。この時、ジャンヌは神に身を捧げる生涯のために純潔を誓った。そのすぐ後、彼女はこっそり家を出て、簡素な兵服を着て、あれやこれやの末、声に導かれるまま、死去したばかりの国王シャルル六世の長男である王太子との対面に漕ぎ着けたのだった。

歴史館の内部のプロジェクションは、ジャンヌに顕れたヴィジョンと声の一種の類似物——て言うか劣化コピーね——を構成している。彼女が体験したものについては、彼女が審問官に語ったこ

と以上のことは解らない。だけど、ジャンヌの生涯を理解しようと思ったら、空っぽの部屋から部屋へと渡り歩くしかない。入った瞬間、突然サウンドとヴィジュアルが変って、中世の場所が光に照らされる。影が踊り、声がとどろき、顔が突然あらわれて、またふっと消え、部屋には何も残らない。自分が見知らぬ人たちに紛れて座ってるんだってことを忘れてしまう時がある。全員が全員、ジャンヌの物語に別の結末が訪れることを願っているんだけれど。

ジャンヌが遂に王太子に会う算段を付け、メッセージを伝える時が来た。あの有名な予言、フランスはとある女に滅ぼされ、〈乙女〉に救われると。ジャンヌは王太子に言ったとおりのことをそのまま自供したわけではないけれど、そこに彼の戴冠と今後の戦争についての予言が含まれていたことは判明している。当時、フランスは領土を巡ってイングランドとブルゴーニュ相手に何十年もの間、悲惨な戦争を続けていた。希望も資源も枯渇していた。未来のシャルル七世が、チュニックと長靴下の若い少女の話に耳を傾ける気になったのが何故かは解らないけれど、ジャンヌはまさにどんぴしゃのタイミングでやって来たのだった。

誰が見ても不可能なオルレアンでの勝利の後、ジャンヌは王太子がランスで戴冠するよう取り図った。二人は親密な関係だったと報告されているけれど、彼女を死の運命から救うほどではなかった。ジャンヌはその後、幾つかの手痛い敗北を喫することになる。例えばパリ進軍とか。そして最終的にはブルゴーニュ軍に囚われてしまう。彼らはこの貴重な捕虜をイングランドに売った。

彼らはオルレアン以来、彼女を焼き殺すチャンスを切望していたのだ。獄に入れられ、鎖で床に繋がれたジャンヌには、「監視人」から性的暴行を受ける危険が付きまとっていた。彼女は異端の罪で告発され、困難な裁判を受けることを強制された。そこでは彼女の信心、女装の拒絶、声、信仰が厳しく吟味された。一四・一五世紀の他の魔女術裁判と同じく、「妖術は主として、政治的な〈公開〉裁判の口実であり、まさにジャンヌの場合も例外ではなかった」とロングスタッフは説く。

歴史館ツアーも大詰め、最後の幾つかの部屋は、オリジナルのジャンヌの死後を生きた全てのジャンヌに捧げられている。神話館では、世界中の芸術、文学、映画、民間伝承を通してヒロインを理解するよすがが提供されている。映画のポスターはカール・テオドア・ドライヤーの無声映画『裁かるゝジャンヌ』に、ジョージ・バーナード・ショーの演劇の翻案『聖女ジャンヌ・ダーク』、それに『少女ジャンヌ』。これは一九三五年のドイツのプロパガンダ映画で、アドルフ・ヒットラーをジャンヌになぞらえたもの。何を言っているのか解らないかもだけど。ジャンヌ・ダルクの記念品の魅惑のセレクションもある。ヴィンテージものの磁器皿に描かれた彼女は胸の前で両手を合せた状態で火刑台に縛り付けられていて、炎が空へと渦巻いている——それで食事するなんて悪趣味だけど——それと、雄々しいポーズで馬に乗るジャンヌを描いた郵便切手（彼女はまさしく、商業化された最初の「魔女」なのだ）。ジャンヌを描いたたくさんの絵画に加えて、神話館の〈乙女〉にインスパイアされたキャラクターも紹介されている。例えば『ゲーム・オブ・スローンズ』

のタースのブライエニーなんて、まさにジャンヌ・ダークアーキタイプの典型。

過去千年間で、ジャンヌ・ダルクほどインスピレーションや崇拝、コモディティ化の対象となった女性キャラはまずいない。今の私たちは当然のように彼女をフェミニストのアイコンとして受け入れているけれど、彼女の時代にはジャンヌはジェンダーを巡る言説の中にどんな風に位置づけられていたんだろう?

中世の学者によれば、ジャンヌは先行するフェミニズムでも何でもなかったけれど、最初期のフェミニスト著述家クリスティーヌ・ド・ピザンは、ジャンヌが存命の時から進歩的な女性のモデルとして抜擢していた。「当時の女性が体験していた抑圧的変容、およびそれに対する彼女らの反応のゆえに、一四世紀を現代フェミニズムの先駆とみなすことは妥当であろう」とアラン・P・バーは「十五世紀研究」(Fifteenth Century Studies)掲載の論文で言う、「彼女の果した異常で遠慮会釈のない役割ゆえに、クリスティーヌ・ド・ピザンを最初のフェミニストとみなすことはより妥当である」。

一四〇五年、クリスティーヌ・ド・ピザンは『婦女の都の書』(*Le Livre de la Cité des Dames*)を出版した。これは女だけが住む架空の都の物語。著者はこの都に、マグダラのマリアからトロイアのヘレネー、キルケ、アマゾン族などの有名な女性たちを住まわせ、女性の力と知性を証明している(この傑出した女たちには、キリスト教徒もいれば異教徒もいる)。

『婦女の都の書』においてクリスティーヌは、尊崇すべき存在と教えられて育ってきた過去の男性権力者による女性表現の欺瞞性を明らかにする」とマーガレット・L・キングは『ルネサンスの女性たち』(*Women of the Renaissance*)で説く。ド・ピザンは、夫を棄てて世界を支配しましょうと女たちを煽ったわけじゃないけれど、彼女は間違いなく、女性は男性と同様に賢明で有能なのだという考え方を鼓舞することで、あの時代にしてはラディカルな視点を提供している。

フランス解放のための若きジャンヌの活躍を聞きつけたド・ピザンは、深くインスパイアされた。ジャンヌは模範的なキリスト教徒の女性だ、と彼女は信じた。だから自分の尊崇の念をまとめ上げ、一四二九年に熱烈な詩「ジャンヌ・ダルク讃」*Le Ditié de Jehanne d'Arc*を書いた。

「ジャンヌの折りよい到着、それと同時に発せられた王太子戴冠とフランス解放の予言は、『ジャンヌ・ダルク讃』における主要な論争におあつらえ向きの詳細を提供した。すなわち女性は少なくとも男性と対等であり、ただ歴史上、男の重みによって抑圧されて来ただけなのだと」とアラン・P・バーは続ける。ド・ピザンの詩は、闇を圧倒する光、季節の変化、変容を謳っている。彼女は若きジャンヌの行動を、聖書時代の偉大な女性たち――エステル、ユディト、デボラ――に置き換えて表現し、最も疑り深い読者をも、この〈乙女〉の、ひいては全ての女性の偉大さを認めさせるよう説き伏せる。

嗚呼！　女なる性にとって何たる名誉！　神の特別のご配慮は完全に明白、王国全土を――現在は一人の女によって回復し、安全とされた。五〇〇〇人からの男が成し遂げられなかったこと――破壊したる悪人ども、および裏切り者どもが皆殺しにされたのだ。この出来事以前には、そんなことが可能だとは、ゆめゆめ信じることはできなかった。

けれど、ジャンヌの栄光の日々は短命に終った。ド・ピザンの詩の出版から一年もしない内に、ジャンヌは死ぬ。魔女術の嫌疑についてては最終的には取り下げられたけれど、ジャンヌは彼女に対する一二の罪状全てで有罪判決を受けた。例えば妖精の樹にまつわる迷信との明白に非キリスト教的な繋がり、天使の声と予言、教会の権威への服従の拒否、常に男装して男性兵士と行動を共にしていたこと。この最後の罪状は、二〇世紀と二一世紀のフェミニストの間で、今も大きな興味と論争の対象になっていて――ジャンヌ・ダルクというパズルの重要なピースであり続けている。

投獄中、ジャンヌは何度も女の服を着るように言われたけれど、拒否し続けた。異装は異端的だと見做されたけれど、彼女以前にも男装して戦場に赴いた女たちは大勢いた。時にジャンヌは、自分が男装するのは神の御意志だから着替えることはできませんと言った。またある時には、男装の方が性的暴行から守られていると感じるという事実をほのめかした。また、衣服を替えさえすれば彼女が熱望するミサに出席するチャンスを与えようという申し出が幾度となくあったことも判って

いる。だけどそれですら拒否した。「私はこの世の誰の助言であれ、男装を止めませんでした」とジャンヌは証言した。「私は神とその御使いの御命令でなければこのような服装はしておりませんし、またその他何であれいたしておりません」。

過去数十年の間、ジャンヌのジェンダー不適合は彼女がジェンダークィアもしくはトランスジェンダーだったことを示している、と論じた人もいた（この〈乙女〉は、草分け的なクィア作家で活動家であるレスリー・ファインバーグの著書『トランスジェンダーの戦士たち：ジャンヌ・ダルクからデニス・ロドマンまで　歴史を作った人々』（*Transgender Warriors: Making History from Joan of Arc to Dennis Rodman*）の重要な部分を占めている）。時代も文化も全然違う人に、現代の言語とアイデンティティ・ポリティクスを当て嵌めるというのはトリッキーだから、私はジャンヌを「彼女」と呼ぶことにした。本人が〈乙女〉と呼ばれたがっていた証拠もあるし。これは女性を示す呼称。

ジャンヌのレガシーを辿るというのは、その真実性が必ずしも担保されないバイアスのかかった記録に頼るということになるけれど、ジャンヌのジェンダー表現が当時の人にとっては受け入れがたかったのは明白だ。昔はジェンダー不適合な行動や服装をする多くの人が魔女と見做されて、そして今ではジェンダー不適合を堂々と表明する多くの人が魔女を名乗る。それならたぶん、今の私たちの*witch*という言葉の理解は真実のジャンヌ自身に遙かに近い。何故ならそれはいつだって意味が流動的で、常に形を変え続ける言葉であり、忠誠とジェンダー役割の間、見ることと祈ること

のモードの間、世界と世界との間に住む人々を表す言葉だったから。まさにジャンヌみたいな。

この現代的な意味で言えば、ジャンヌ・ダルクは聖女というよりも、遙かに魔女だ。その行動には遊び心と権威があって対立的、けれど深遠でスピリチュアル。疑り深い司祭の前で、魔女みたいに飛ぶことができると冗談めかしてほのめかしたこともある。聖なる声に言われたんだそう、塔から飛び降りるようなことをするな、脱獄を試みるな、と。まあ、何にせよ飛んじゃうんだけれど。魔女は欠陥のある者——そして多くの事例で、さらなる欠陥を強制してきた者。一方聖女は、死後に私たちが贈った純粋さを地上では決して体現できなかった者。魔女は束縛することはできない。彼女たちのアトリビュートと美学——善、悪、ゴージャス、猟奇的——は常に変わり続け、彼女たちについて語る者によって呼び起こされる。聖女は、何が善であり神的であるかについてのカトリック教会の教義に縛られる。彼女たちは二元論とルールと秩序の世界に属している。聖女は神格化されている。魔女は、ジャンヌのように、反抗する。

✿

歴史館を出た私は、ジャンヌが一四五六年の復権裁判で最終的に許され無罪宣告を受けたことで、少しほっとしていた。だけどそれは割にあわないピュロスの勝利——小さすぎて遅すぎる。博

物館を背に、絵のような通りを歩く。書店を通り過ぎる。ウィンドウにはヴィンテージもののジャンヌ・ダルク本。スウィーツのショップのマカロンの冷蔵ケースにはボウルカットでフェイスフレーミングな彼女の顔。もう一つのレストランの日除けには後光を発する彼女の肖像が描かれている。生きた彼女が最後に目撃された場所に近づくと、「Jeanne A Dit」（ジャンヌは言った）という店に出くわした。売り物は様式化された彼女の顔の付いたシャツ。英語のロゴも入っている。曰く、「ジャンヌは私たちの中にいる、勇敢で戦闘的な女性。ジャンヌ、それはあなた、彼女、私」。このデザインは明らかに二〇一六年一一月七日、とあるフランスのフェミニストが職場でのジェンダー不平等に抗議してストをしたことにインスパイアされている。シャツのジャンヌは現代化されているけれど、それでも紛うことなきジャンヌだ。だけど私たちがジャンヌを想う時に想像するアトリビュート——短髪、甲冑、手に白い軍旗——は現存する肖像画に基づいたものではなく、裁判記録から拾い集めた要素だ。彼女については、時の彼方に忘れられてしまったものがあまりに多い。

通りはついにヴィユ＝マルシェ広場に辿り着いた。ルーアンの中心。観光客と地元民がショッピングしたり、フルーツや野菜やローストチキンを買い食いしている陽気な広場は、またジャンヌが処刑された場所でもある。目を閉じると、火刑台の周りに集まる群衆が見える。棍棒や剣を誇示する百人を越える男たちの行列が、ヴィユ＝マルシェに押入ってくる。立った一人の涙を流す人物を連れて。オルレアンの後、これ見よがしに身に着けていた凛々しい緋色と緑の毛皮裏のローブと

サーコートからは見る影もない。頭を丸めたジャンヌは長いドレスを着て広場に入ってくる。被せられた帽子には「異端者、堕落者、背教者、偶像崇拝者」と書かれている。恥辱の冠。私は彼女が火刑台に登っていくのを見た。目は群衆の中で修道士が高く掲げる十字架を見据えている。死に行くキリストのヴィジョンを見ながら死ねるように。彼女の前には、彼女の全ての罪を宣言する看板がある。

〈乙女〉を自称するジャンヌ、嘘つき、邪悪なる者、人々を欺く者、妖術師、迷信家、神の冒瀆者、僭越なる者、イエス・キリストの教えに躓く者、傲慢、残酷、偶像崇拝者、放蕩者、悪魔召喚者、背教者、分離者にして異端者。

火刑柱はそびえ立つ台の上に固定されている。それが広場にいる全員に、彼女の苦痛への入口を提供する。ジャンヌがブルゴーニュ軍とイングランド軍に巻き起こした恐怖と憎悪は、この最後の扱いに明白だ。処刑人でさえ、彼女に着火前の絞殺という慈悲を提供することができなかった。普通の死刑囚なら許される小さな好意なのに。「イエス・キリスト！　イエス・キリスト！」という彼女の叫びが広場に跳飛する。煙が肺を満たし始めると、彼女は彼女の主、救世主の像に視点を据えた。声が出なくなるまで、彼の名は何度も何度も喉から絞り出された。見物していたイングラン

ド兵が笑った。多くのフランス市民は泣いた。処刑人自身が恐怖に囚われていた。多くの見物人と共に。

ジャンヌの身体が煙を発する像となり、もう二度と動くことがなくなっても、炎は燃え続けた。火の血塗れの指先は天に達し、しるしを受ける準備のできた者のためにそれをきらめかせた。雪のような鳩が暗闇から咲く。ジャンヌが駆った馬のように白く、彼女の戦場の甲冑のように白く。天高く飛び、炎は聖なる象徴へと変容する。処刑人は心がぱっくりと割けたように感ずる。この炎は、この俺が聖女殺しの罪で地獄に落ちる前兆なのか。彼は答えを求めて修道院に駆け込む。他の者は今見たばかりのものを理解するために己が魂を探る。その最後の瞬間に、ジャンヌは数えきれぬ人々を改宗させることに成功した。人々は、彼女の死を目撃したことで永遠に変容した。

だけど煙が晴れた瞬間、広場は無人となった。私はジャンヌが最後に立っていた場所のそばに立っていた。そこに小さな看板がある。濃い緑の繁みに突き立てられたそれには、こう書いてある。*Le Bucher*（薪）、「一四三一年五月三〇日、ジャンヌ・ダルクが焼かれた地点」。看板の背後には近代的なミニマリスト教会、聖ジャンヌ・ダルク教会がある。その屋根は転覆した船のよう――もしくは、抽象的な銀の炎の舌が湧き上がる感じ。建物の中にはさまざまな言語のフルカラーのパンフレットが置いてあって、かつてカトリック教会の権力を堕落させ、ジャンヌを有罪とした人々を弾劾している。教会がかつての過ちを自由に認めているのを見るのはナイスだ――ジャンヌは

一九二〇年に聖人として列聖された――だけどやっぱり、これもまた少なすぎるし遅すぎる。

駅に戻る途中、ルーアン城の最後の塔を見るために足を止めた。ジャンヌが幽閉されていた所。この分厚い壁の内側で、彼女は身体的拷問の恐怖にさらされ続けた――実際には行なわれなかったけれど。だけど既に、裁判と捕囚という精神的拷問によってダメージは受けていた。塔の周囲の砂利の上をとぼとぼと歩きながら、彼女の荒寥たる最後の日々を想い、悄然とパリへ向かった。

ルーアンでは、気持ちが揺れ動いていた。それまで、特にジャンヌに惹かれたことはなかった。それは主として、彼女が完璧なまでにセクシュアリティから身を遠ざけていて、官能の喜びとそれを享受する人々を断罪していたから。けれど、現代のセックス・ポジティヴなフェミニストのレンズを通してジャンヌを見るのは実に限定的だ。中世の女性というレンズを通して見れば、ジャンヌは本当にラディカルになる。

だけどジェンダー規制に刃向かう人々の多くがそうであるように、ジャンヌ・ダルクは *woman* という一語に要約できる、あるいは表現できるものよりも遙かに複雑だ。やはりジェンダー規制に反抗的で、そして私自身のアイデンティティを持つことに関して同じくらいアンビヴァレントな人が *woman* の一語で要約されてしまうんだから、ルーアンを去る時の私は〈乙女〉に深い親近感を覚えていた。

過去千年の間に魔女として処刑されたほとんどの人――ほとんどの女――は、歴史上の記録の単

なる点でしかない。今日では、彼女らはほとんど、さまざまな政治的目的のために呼び起こされる、顔のない塊のようなものにされている。けどジャンヌ・ダルクは違う。彼女はこれまでに生きた中で最高に有名な「魔女」的人物で――最高に有名な聖女でもある。実際、ジャンヌは魔女と聖女の近しさを証明した。例えば今では、キリスト教界隈でも魔女術界隈でも、同じくらい彼女は好んで絵にされ崇拝されている。ツアーの中で、ジャンヌ・ダルク歴史館のナレーションは、ジャンヌ・ダルクは誰のものでもないと宣言した。その観念は本当に心に響いた。ジャンヌはカトリックのものでもなければフェミニストのものでもない。魔女のものでも、女性のものでも、フランス人のものでもない。だけど多くの人は彼女とその物語に惹き付けられる。ジャンヌは誰であれ、自分を魔女や聖女と呼んだり、偶像化することを認めないだろう――崇拝するなんて言うまでもなく――でも、彼女を思い出すことは？　それはたぶん、私たちにたくさんのものをくれた〈乙女〉に対するほんのささやかな、かわいらしい贈物だ。

光の街のネクロマンス

フランス　パリ

ではフランスについては何を言うべきか？　それが魔女どもから浄められたとは信じがたい……否、否。何千もの魔女どもが至る所にいる。庭の蛆虫の如く、地上を覆い尽くしている。
アンリ・ボゲ『魔女論』

パリに魔女は生きている。それも元気に。彼女らが暴く害毒は家父長制。彼女らが明かす疫病は環境破壊。二〇一九年の夏、〈魔女の集団《ギャング・オヴ・ウィッチーズ》〉がパレ・ド・トーキョーを占拠した。パフォーマンスとヴィジュアル・アートの週末。このエコ・フェミニスト集団は「善い魔女たち」で構成されている。彼女らは「物質界と精神界の、見える世界と見えない世界の、意識と無意識の、ユーモアと反乱の、抵抗《レジスタンス》と回復力《レジリエンス》の境界に位置して……合意を創り、門を開き、この家父長社会の構造を問う」。

ギャング・オヴ・ウィッチーズは元型的魔女の盾の下に集い、ジェンダー、性、文化に関する問

題を提起する。パリは今、彼女たちのような、アクティヴィスト・アートや魔術行為に関わる多くの魔女たちのホームとなっている――それと、現代のセクシズムと戦うための手掛かりを求めて過去の魔女迫害に関心を向けているフェミニストたちにとっても。だけど初期近代には、そんなにたくさんの魔女はいなかった。専ら魔女たちが黒魔術で大暴れしていたのはナバラやサヴォワ、フランシュ＝コンテ、アルザスやロレーヌといった周辺地域。パリでは、魔女はほとんどいない稀少種だった。その代りこの街は、たぶんもっと不吉な人物の繁殖地だった――つまり悪魔学者。

キリスト教の悪魔学者はずっと昔から悪魔とその眷族《けんぞく》の研究に邁進してきた。「悪魔学者は、自然の範囲内における悪魔の力を定める〈科学〉である」とフィリップ・C・アーモンドは『悪魔：新しい伝記』（*The Devil: A New Biography*）で説いている。聖アウグスティヌスが四世紀に魔術は悪魔との契約によるものと定めて以来、キリスト教による魔術論が花開いた。一二七〇年までに、トマス・アクィナス――パリ大学でその研究を開始した――は、アーモンドの言う「西洋神学における最初の重要な悪魔学」を書き記した。その著『悪について』（*De Malo*）は、悪魔は人間の精神と肉体を欺く能力を持ち、肉体を備えた姿を採ることもできる、などと述べている。この説は後に、魔女に関する仮説にもインパクトを与えることになる。

悪魔学者は何世紀にもわたって彼らの理論を研究し精緻化し、魔女術に関する大衆の見方を形成するのに大きな役割を果たした。だけど悪魔学者だけがそうした観念に対する責任を負っている

訳ではない。エドワード・ビーヴァーの論文「民衆の魔女信仰と魔術実践」(Popular Witch Beliefs and Magical Practices) によれば、学識深い悪魔学と民衆の伝承の関係は一方通行ではなく、「悪魔学が古典古代にまで遡る文献伝承から要素を引いてきている一方、それが魔女に与えたアトリビュートのほとんどは大衆的な魔術の伝統に由来している」。これは「上位」と「下位」の文化の、それとキリスト教と異教の信仰の微妙な相互作用だ。それが最終的に、魔女を創り出した。

アクィナスがキリスト教悪魔学の基本文献を出版してから七年後、パリ大司教は「降霊術や妖術の実験、悪魔召喚、魂にとって危険な祈禱を含む書物、巻物もしくは小冊子」を禁じた。魔術は既に脅威だったけれど、魔女はまだ主流にはなっていない。悪魔学者が悪魔的な魔女像を完全に具体化するまでにはあと数世紀は必要。一六〇〇年代半ばまでには、妖術裁判はフランス一円で始まり、悪魔学論争がパリで活発化していた。

悪魔学の分野における主導的な人々を輩出したのが、イエズス会が設立したコレージュ・ド・クレルモン。そこでは、若きイエズス会士の哲学教授フアン・マルドナドーが、マルタン・デル・リオやピエール・ド・ランクルといった将来有望な思想家たちを教えていた。後に悪魔学の飯の種となるさまざまな観念をまとめ上げたのが、このマルドナドーの一五六〇年代の講義だったってわけ。

マルドナドーは「魔女術に関する通念の多くの要素の神格的正しさを確証した」とジョナサン・L・パールは『罪の中の罪：フランスの悪魔学と政治　一五六〇—一六二〇』(*The Crime of Crimes:*

Demonology and Politics in France 1560–1620）で述べている。「例えば、時に軟膏を用いるという魔女のサバトへの飛行の真実性、および魔女が時に幼児を殺害してこれらの軟膏を作るといったようなことである」。だけどマルドナドーは、遙かに大きな神学者集団のごく一部に過ぎなかった。「フランスの悪魔学者は、たまたま奇妙な妄想を共有するに至った小者たちの行き当たりばったりの集団ではない」とパールは説く。「むしろ彼らは、著名な人々のネットワークであり、宗教戦争に於いてはカトリック狂信派の熱心な支持者となった」。

パリは、これら著名なフランスの悪魔学者が教育されたり雇われたりした場所。例えばニコラ・レミ、アンリ・ボゲ、ピエール・ド・ランクル、それにジャン・ボダン。出版された彼らの論文の中では——この分野は大概そうだけど——悪魔が詳説されている。

ニコラ・レミはロレーヌの魔女裁判で重要な役割を果たした治安判事で、そこでの体験を元に一五九五年、『悪魔崇拝三部作』（*Daemonolatreiae libri tres*）を書いた。よく引用されるラテン語のテキストは「魔女術をほとんどグラン・ギニョールのように取り扱う傾向が拡大していたことを示す古典的事例であり、何かを論じるというよりも読者を喜ばせ、刺激するために書かれている」とロビン・ブリッグズは論文「魔女術と地方コミュニティ」（*Witchcraft and the Local Communities*）で述べている。それから一〇年もしない一六〇二年、フランスの裁判官アンリ・ボゲは『魔女論』（*Discours des Sorciers*）を出版、これはレミの著作とは正反対だった。ボゲの本は「法手続きに関する詳細な助言

を述べ、魔女を扱う裁判官のための特別な付表を提供している」とブリッグズは言う。

ピエール・ド・ランクルは、アンリ四世の宮廷の裁判官で――それと、コレージュ・ド・クレルモンの元学生――監察官としてフランス領バスク地方の魔女裁判を統轄、一六一二年の論文「悪しき天使と悪魔の無節操一覧」（Tableau de L・inconstance Des Mauvais Anges Et Demon）でそれについて記した。「このランクルほど、大衆と知識人の魔女観念を効果的に混ぜ合わせた悪魔学者はほとんどいない」とガーヒルド・ショルツ・ウィリアムズは論文「悪魔学」（Demonologies）に記している。「ド・ランクルはこの上なく鮮やかな魔女のサバトの描写を構築した。例えばヴェルヴェットのスーツを着たガマガエルが子守をしているうちに、その親たちはサバトの宴で言語に絶する快楽を味わう」。

同じくフランスの裁判官ジャン・ボダンはほぼ間違いなく、初期近代で最も読まれた悪魔学者だ。彼の著名な、そして広く翻訳された書物『魔女の悪魔憑き』（*Demonomanie des sorciers*）は妖術、魔女術、およびそうした行為に対する法的処罰の歴史に関する人文主義的解釈だ。それなのに、ボダンの人気にもかかわらず、パリの権威者たちは「魔女術に関するボダンの司法上の助言を完全に拒否した」とウィリアム・モンターは論文「フランスにおける魔女術裁判」（Witchcraft Trials in France）で述べている。同じようにド・ランクルも「高等法院の同僚たちにサバトが現実であることを信じさせることには完全に失敗した」と述べる。

さて魔女だけど、フランスの首都にはいなかった。パリは理性の時代を生んでいて、魔女狩りに

対するパリジャンの態度は実に理性的なものだった。フランスの異端審問は一六世紀半ばにはもうなくなっていて、高等法院は最終的な結論を出していた。

「パリ高等法院は誇りを以て、教養あるエリートの精神の具現化である最高裁判所の役割を果たしていた」とマリース・シモンは『ラウトレッジ版魔女術の歴史』（*The Routledge History of Witchcraft*）で述べている。「理性を体現し、法を厳密に遵守し、下級裁判所による裁判手続きの濫用を罰していた」と。

一五六五年から一六四〇年までの間にパリ高等法院に持ち込まれた一二〇〇件近い事例の中で、死刑判決を受けたのは僅か一〇％。魔女術の罪となると、「高等法院は驚くほど寛容な記録を残している」とアルフレ・ソマンは「一六世紀誌」（The Sixteenth Century Journal）所収の論文で断じている。そしてこのことは拷問に関しても同じ。「高等法院は拷問の使用に関しては多くの下級の地方裁判所よりも遙かに慎重であった。下級裁判所では、一七世紀を過ぎても不埒な虐待が行なわれていた」。だけど、だからと言って花の都をそぞろ歩いている時に、初期近代の魔女の生き残りが見つからないというわけじゃない。ただ見るべき所を見ればいいだけ。

北駅《ガール・デュ・ノール》につくと、私の内なるゴス・チャイルドは真っ直ぐ墓場に向かっていた。ペール・ラ

シェーズ墓地は九〇年代末、ティーンエイジャーのファンガールだった頃に初めてその門をくぐって以来、ずっと私のお気に入り。すぐにオスカー・ワイルドのお墓にキスしたくて堪らなかった。だけど今度は違う。パリ最大の墓地の中は、魔女のレガシーの中で有意義な役割を果たした人々が眠っているから。

一八〇四年に創られた芸術と彫刻の野外美術館とも称されるペール・ラシェーズ墓地は霊廟、彫刻、記念碑がひたすら広がっている。門のある入口からこの死都《ネクロポリス》に滑り込むと、頭上の木の葉が微風の呪文を囁く。百万人以上の人々の終の住処を分かつ整然とした通路に配置されたペール・ラシェーズ墓地は、いくつもの性格を持つ街。楽しい発見の場所であり、静かな庭園であり、記憶と祖先の憂鬱な場所でもある。訪問者は畏敬の念を抱かずにはいられない。話し声は低デシベル。踏む足は忍び足。商売人は、死者たちと共にした時間と引き換えに花や絵、サイン、ジュエリー、それに小石などを提供して生き延びている。

オークや楓、秦皮、ゴシックの墓標、崩壊寸前の玄室や厳粛な霊廟を眺めるために墓地の中心地に沈潜する。そしてとうとう、目的地に辿り着いた。二本の新古典主義の柱の間に、永遠の眠りについた男が、垂れ下がる下着を着て彼の上に立つ天使のような女に見守られている。ここにいるのは文学の巨人、かつてフランスのザ・歴史家と考えられていた人物――ジュール・ミシュレ。大衆文化にルネサンスという言葉を持ち込んだラディカリスト、フランス史に関する多数の著書を書い

た著述家（そのうちのひとつが『ジャンヌ・ダルク』）、そして『魔女』（*La Sorcière*）の著者。絶大な影響力を誇ったけれど、事実関係については疑問のある本。魔女術の罪で告発された百姓や女たちの窮状に共感する本。

一八六二年に初版の出た『魔女』は、パワー・ダイナミクスと禁断の異教の情熱の、血に塗れた共感覚。浪漫主義者で修正主義者だったミシュレの反教会的な作品は、中世のカトリック教会を魔女たちの唯一の真なる敵とし、魔女とはキリスト教に背いた敬虔なサタン崇拝カルトのメンバーだったとする。ミシュレによれば、魔女狩りは特に女性を弾圧するための手段で、魔女は実際には賢明な薬草学者、占い師、性的に啓蒙された存在であって、キリスト教の敬神と禁制によって痛め付けられてきた人たちなのだ。

「ミシュレにとって魔女とは、封建領主とカトリックの聖職者の下での性暴力と慢性的飢餓によって過激化したごく普通の農民であった」とマリオン・ギブソンは『魔女術入門』（*Witchcraft: The Basics*）の中で『魔女』を読み解く。「魔女にとっては、セクシュアリティは善であり、科学的論理には率直に従わねばならない。かくしてミシュレの魔女は、朧気に、中世の自由思想家、ルネサンスの進歩の先駆けとして立ち現れる」とギブソン。「彼らは科学者である。特に自然に関しては」。ミシュレの歴史は歪曲されているかもしれない（例えば、彼はピエール・ド・ランクルとアンリ・ボゲの悪魔学上の仮説を額面通りに受け取っている）、だけど彼のナラティヴは間違いなく才気煥発だ。

それは有名なフェミニスト著述家の第一世代、例えばマティルダ・ジョスリン・ゲイジやマーガレット・マレーに影響を与えている。マレー自身の魔女狩りに関する見解もまた同様に修正主義で、歴史的には不正確だけれど、それでも政治的・スピリチュアル的には多くの点で刺激的だった。

ジョン・キャロウが言うように、ミシュレは「大昔に死んだ人に思考を投影し、原資料から場面と行動を撚り合わせる。つまり証拠というより推論」の才覚があった。だけど私たちは、産湯と一緒にベエルゼブブを棄てちゃいけない〔訳注：「細事にこだわり大事を逸する」という意味の諺throw out the baby with the bathwaterのbabyをBeelzebubに入れ替えている〕。ルーベン・ヴァン・リュックは著書『ルシファーの息子たち：近代宗教的サタニズムの起源』（*Children of Lucifer: The Origins of Modern Religious Satanism*）で、「ミシュレを棄てないように」と促している。ヴァン・リュックは、この作家が一九世紀に浸透していた浪漫主義的サタニズムという概念を踏まえていることを評価している。「独創的なやり方で、ミシュレは魔女の民間療法と医師という職業および近代科学の経験論の台頭とを結びつける。科学は常に反逆する、とミシュレは論ずる。魔術、医療、占星術、生物学、『全ては……サタンであった』」。

出版直後、『魔女』はまあ案の定、カトリックの禁書目録《ローマン・インデックス》に加えられた。けれど、ミシュレの気絶しそうな散文にびくびくしながらも敢えて足を踏み入れようって人は、必ず報われる――特にあなたが、『魔女』を歴史フィクションのキメ薬《ヘッディ・ブルー》と見なせるならね。

「それにしても、〈サタンに選ばれし花嫁〉は何という力を持っていたことか！」とミシュレは宣言する。「彼女は病をいやし、未来を予言し、死霊を召喚し、おまえを呪縛し、兎や狼に替え、財宝を見出し、そして何より恐ろしいことに、決して逃れられぬ愛の魔術をかけることができるのだから！」。それだけじゃない。魔女はまた、性的に放蕩で、羞恥心という枷を外れて自由に飛ぶことができる。彼女は望まぬ妊娠をした哀れな少女に堕胎の薬草を提供するけれど、妊娠できない女性にも同じように薬草を与える。魔女は破壊的な人物で、誰であれ惜しげなく助ける。決して判断しない。「彼女は肉体と精神の病理を打ち明けることができる相手である」とミシュレは熱狂して言う。「そして毒入りの熱き血の淫らな熱情の、情欲の千本の針で獰猛に肉体を痛め付ける病的で圧倒的な憧れの」。

ミシュレは家父長制の魔手から性魔女を立ち直らせた最初の人物だ。彼はまだそんな言葉もない頃から、〈サタン的フェミニズム〉の提唱者だった。そりゃあ歴史修正主義はクソだけどさ——ミシュレのイマジネーションにだけは正直、感謝してる。

遙か昔に死んだ著者の平穏で新古典主義的な区画を去る前に、ちょっとした読み物を置いてきた。たぶん喜んでくれると思うけど——彼の影響なしには存在しなかった本だし——私の処女作のフランス語訳、『魔女・痴女・フェミニスト』(*Sorcières, Salopes et Feminists*)。ミシュレの言う、過去にあったらしい浪漫的でサタン的で、セックス第一でポジティヴなフェミニスト的魔女術は本当じゃないか

もしれないけど、それがインスパイアした今の活気ある魔術とアクティヴィズムは間違いなく本物だ。

私はペール・ラシェーズ墓地の小径をさまよい続け、立ち止まって女優サラ・ベルナールに敬意を表した。彼女は舞台でゾラヤという名の、スペイン異端審問に生きたまま焼かれた魔女を演じた。多作な作家で猫オタクのコレットはかつて、「魔女術、魔術、妖術の諸要素」はローマ・カトリックの育成にとって死活的な部分だったと暴露した。それと、フランスの国民的女性歌手《シャンテューズ》エディット・ピアフ。彼女の歌はそれ自体が妖術だった。これらの女たちは皆、自分の創造的な努力において鉄面皮で、ちょっとどころじゃない物議を醸すやり方で——全く、魔女の元型らしく——ジェンダー規定に逆らった。

そぞろ歩く内にいつの間にか門のところに戻っていて、またしてもオノレ・ド・バルザックの厳かな胸像を通り過ぎた。彼もまた一八三七年の短編『ル・スュキュブ』で虚構の魔女を描いているし、この墓地の小径を定期的に歩いてもいた。「私は滅多に外出しない。だが疲れ切ったと感じた時、私はペール・ラシェーズへ行って自分を鼓舞する」と彼は言う。「死者たちを訪ね歩いている時、生以外の何も見えなくなる」。

ペール・ラシェーズの呼び物はその装飾墓や並木道だけじゃなくて、その塀の中のたくさんの著名人たちの死後生もだ。彼らの影響力は黄金の光線となって、目に見えない糸となって広がっている。それは大勢の私たちを、魔術的・日常的に結びつけている。皮肉なことに、ペール・ラシェー

ズにはたくさんの生の実感がある。

帰り仕度をしながら、私は死者たちに、パリの歴史の深みへの案内を頼んだ。墓地の門を出た時、私の頼みは聞き届けられた。周囲の都市《メトロポリス》のかつての姿が見えてきた——死都《ネクロポリス》。パリのような都では、過去は至る所にあるんだ、見るつもりさえあれば。私は忙しない街路に行き着き、さらに猛進した。目をかっと見開いて。


パリを歩くということは、歴史を歩くということ。見上げれば、天まで届かんばかりの派手派手な建物には、かつては著名な作家、芸術家、急進派、それにオカルティストたちが住んでいた。目線を落すと、これらの偉人たちが闊歩した華麗な光景が広がっている。さらに下に目を向けると、邪悪な者、悲惨な者、人気者、貧しき者たちの骨が地下納骨堂に山積みにされ、あるいは埋葬区画に可愛らしく並べられている。過去はパリのあらゆる層にある。

パリを歩けば、それだけで新しい研究分野ができあがる。一九五〇年代にこの大都会を渡り歩いたフランスのマルクス主義哲学者で映画作家のギ・ドゥボールは、心理地理学という概念を生み出した。「意図的に組織されたものであろうとなかろうと、地理的環境の厳密な法則と個人の情緒と

行動に対する特定の効果の研究」。以来、心理地理学は数多くのスピンオフをインスパイアしてきた——プレイス・ハッキング、神話地理学、ディープ・トポグラフィ——その全ては、人と場所との間に充満するロマンスを分析するものだ。けれどそこに魔術が加わると、この相互作用にまた新たな層《レイヤー》が追加される。

「オカルトへの耽溺は、好古趣味へのそれと同類である。過去というプリズムを透して現在を見るということだ」とマーリン・カヴァリーは『心理地理学』(*Psychogeography*)で述べている。このような見方は「ますます、都市のトポグラフィの水平運動を、その過去への垂直降下と対照させる」。解りやすく言うと、街を歩くことが過去へ遡ることになるってこと。生きている目撃者の代わりに、場所は変性意識を召喚して時代を変更する媒介となる。

このアプローチはこの本の研究と執筆を導いてくれたけれど、それが特に顕著だったのがパリ。ここにいる間、私はマレーに逗留していた。お陰で、フランス史の積み重なる層の中で自分を見失わずに済んだ。この地区は貴族的な地区からユダヤ人街へ、ゲイの居住地へと変容を重ねてきたけれど、その途上で過去世の残余を完全に失ったことはない。けれど古い建物やクィアバー、ユダヤ料理のデリを楽しむこと以外に、私がマレーを選んだのは、それがパリの魔女火刑への入口となってくれるから。

借りたアパルトマンから少し歩くとデュ・タンプル通り。人々は通りのあちこちにばらまかれた

テーブルで、ワイン片手にお喋りと食事に夢中。もう少し歩いてド・リヴォリ通りを過ぎると、風景が開けて、ネオ・ルネサンス様式の建物が支配する空間が広がる。左手には市庁舎オテル＝ド＝ヴィル。まっすぐ行くとセーヌ川が有閑マダムみたいに流れている。今私がいるのはオテル＝ド＝ヴィル広場という公園で、かつてはグレーヴ広場という処刑場だった。今じゃみんな腰掛けて歓談したり人間観察に耽ったり、手早く食事をしたりしているけれど。一六八〇年、今じゃ正義の天秤が飾られたこの場所に人々が集まっていたのは、悪名高きパリの占い師ラ・ヴォワザンが肉から灰になるのを見るためだった。

当時のパリは、フィレンツェ同様、腕の立つ——それと、あまり腕の立たない——占い師で溢れ返っていた。そして、やっぱりフィレンツェ同様、ほとんどの占いはカトリック教会によって原則的には禁じられていたのだけれど、一般大衆は皆、それに耽っていた。

「占い師に相談するというかつての風習は、出生天宮図の作成から愛を得るための秘密の方法の伝授まで、今も人々の、また王国の高官たちの間ですら生き延びている」とルイ一四世時代のヴォルテールは言う。性愛魔術、サタンのミサ、毒薬などのスキャンダルがパリ社会の上流階級の皆さんを揺さぶったのはこの期間だ。

何十人もの貴族や廷臣、それにパリの高級占い師のネットワークを巻き込んだこの大規模スキャンダルは〈毒薬事件〉と呼ばれている。こういう女たちは魔術の達人で、（ほとんどの場合）他の女

たちの相談に乗っていた。ホロスコープを読んで欲しいとか、情事を引き延ばしたいとか、夫を死なせたいとかね。〈毒薬事件〉は、セックス、恋愛、復讐、権力闘争、自衛の名の下に行なわれた巧妙な行為に関する告発で溢れ返っている。陰謀の蜘蛛の巣は国王の愛妾マダム・ド・モンテスパンにまで届いた。彼女は国王の寵愛を保つために媚薬を用い、後にそれが効かなくなると、太陽王と彼のもう一人の愛人を毒殺しようとした、とされている。この安っぽい事件が終るまでに、三〇〇人以上が逮捕・尋問され、三六人が死刑判決を受けた。

これに関係した中で最も有力な占い師がカトリーヌ・モンヴォワザン、通称ラ・ヴォワザン。上流階級の依頼人のために、彼女は蝋人形や経血、動物の心臓なんかを性愛魔術の材料にしたとされている。ただ彼女によれば、追儺の呪い——というか、具体的に言うと暴力的だったり邪魔だったりする夫を排除する呪いね——に最適なのは尿だとか。ラ・ヴォワザンは九歳の頃からホロスコープを作ったり手相を読んだりしていて、占い師として大成功、大金持ちになっていた。女たちの恋愛を手伝うことに加えて出産関係も手がけていて、何千件もの堕胎をしたと自供した——当時は極刑に値する行為だった。でもラ・ヴォワザンの専門は毒薬で、どんなものにも盛ることができた。衣服や紙からブーケまで。

これで最後と思って、オテル＝ド＝ヴィル広場をぐるりと見て回った。天気は穏やかでよく晴れている。魔術で人を破滅させた罪で生きたまま焼かれる女たちを見物しながら喚いたり歯軋りした

りしている野次馬もいない。ダルコル橋をぶらついていると、レディ・ガガを歌っていた大道芸人が私に歌いかけた。足の下でボートが消えて、また出て来た。向こうの方にぬっと現れるゴシック様式の砦、コンシェルジェリ。有名な占い師の何人かが最後の日々を過した所。それに、あのマリ・アントワネットも。まっすぐ行くと、焼けさらばえたノートル・ダム。まだ休業中だ。その至聖所には、ルイ一四世の内臓の詰まった樽がある。

「パリの占い師が行なっていた活動の一部が魔女術と定義しうることは疑い得ないだろう」とアン・サマセットは『毒薬事件：ルイ一四世の宮廷における殺人、嬰児殺し、そしてサタニズム』(*The Affair of the Poisons: Murder, Infanticide, and Satanism at the Court of Louis XIV*)で述べている。「そして理論上は、死に値する罪であった」。だけど前に見たように、パリ高等法院は魔女術を死罪にすることがそれほど好きというわけじゃなくて、一六二五年以来、一人の魔女も処刑していない。それでも、ラ・ヴォワザンのしでかしたことはパリ以外でかつて大流行した妖術の疑いがあった——結局のところ、明確にそれで告訴されたわけではないにしても。

「絶滅はしていないにしても、一六七九年には魔女術に対する信心は上流階級の間では凋落していた。だが悪魔の認知は依然として鮮明に残っていた」とサマセット。「故に、占い師を初めとするパリの暗黒街の住民が、客のために悪霊を召喚するとか、悪魔と契約するとか申し出た時、そのような連中ならばそれも可能かも知れないと受け入れるのは全く非現実的というわけではない」。

数多くの他の占い師とその顧客が、最終的には口に出すのも憚られるような悪魔的行為を自供したり、それで起訴されたりすることになるけれど、ラ・ヴォワザンの名は常に上げられた。公開処刑の後ですら——彼女は最後まで暴れ、抵抗を続けた——ラ・ヴォワザンの悪事は増え続けた。そして彼女の恐るべき行状に関する真実とされるものを怒濤のように明るみに出したのは、娘のマリ・モンヴォワザンだった。

マリの自供によれば、彼女の母は初老の司祭ギブール師と共に、マダム・ド・モンテスパンのために神聖冒瀆の儀式を行なったという。ギブール師も子供を生贄にしたことを自供した。サマセットによれば、マリは極めて下劣なことを目撃したと証言した——

彼女の証言によれば、ギブールがマダム・ド・モンテスパンに黒ミサを行なう場に彼女も居合わせた。この儀式の間、彼女の母親は彼女に、新生児をギブールに手渡すよう命じた。ギブールは赤ん坊の喉を切り裂き、その血を杯に受けた。儀式が進行し、彼はその杯を掲げ、その血が聖餐の葡萄酒の代わりとされた。ミサが終ると、ギブールは殺された子供の内臓を取り出し、これをラ・ヴォワザンに与えた。蒸留に用いるためである。血は小瓶に注がれ、マダム・ド・モンテスパンが持ち去った。

こういう忌まわしい儀式が、シャンブル・アルダントすなわち「燃える部屋」――〈毒殺事件〉の捜査のためにルイ一四世が創設した特別裁判所――での自供ではおきまりになっている。取り調べは三年も続いて、証拠もたくさん出たけれど、国王は自分の愛妾で子供も産ませたマダム・ド・モンテスパンの投獄を許さなかった――というか、彼女がそんなことをやっていたということ自体を全く信じていなかった。

サタンのテーマを追うように、私は修復のために閉鎖されているノートル・ダム西入口の浮彫にできるだけ近づいた。その無数の彫刻に隠れて、林檎の木の左右にアダムとエヴァがいた。真ん中には二人を誘惑する蛇。蛇の上半身には、女の顔と乳房がある――一説によればサタン的なスクブスであるリリス――けれど、下半身はずるずると長い尾を引きずっている。

学者たちは今も、こういうサタン崇拝の性魔術が本当に一七世紀のパリで行なわれていたのか、考え続けている。単純な恋愛の魔術は絶対あったけれど、監禁された男女が自供した悪魔的な所業は、拷問が生み出した幻想、それとも官憲の望み通りの話を提供しようとする努力の賜物だったのだろうか？　何にせよ、〈毒薬事件〉の結果、フランス法は占いに対する締め付けを強化することとなった。ラ・ヴォワザンが生きながら焼かれてから二年後、占い師を自称することを違法とする勅令が出た。つまり魔女術、魔術、占いは真実ではなく、迷信深い情報弱者を騙す詐欺に過ぎないということだ。「もしもジャンヌ・ダルクが一四三一年に焼かれた最初の魔女の一人だと考えられるなら」

とマリース・シモンは言う、「魔女迫害の正式な終りは、一六八二年のルイ一四世による勅令の発布である」。

ラ・ヴォワザンのサタン崇拝の儀式は汚名と共に生き続けることになる——それが事実かどうかは別にして——けれど、それはある意味、ジュール・ミシュレの『魔女』に影響を与えたからだ。自供調書によれば、ラ・ヴォワザンとその一味が行なった黒ミサでは、女の身体を祭壇にしていたという。同様に、ミシュレの本にある場面でも、サタンのミサで女の身体を祭壇にする。ルーベン・ヴァン・リュックによれば、それは「ヴォワザンとその仲間たちが、〈毒薬事件〉の際に行なっていた行為にインスパイアされている」。

魔女たちと悪魔たちを頭の中で踊らせたまま、私はノートル・ダムの養生テープを後に、ソルボンヌの美しい建物に向かった。昔、有名な悪魔学者の一派コレージュ・ド・クレルモンが講座を持っていた所だ（同じ建物は、今ではリセ・ルイ＝ル＝グランの教室が占拠している）。けれど左岸《リヴ・ゴーシュ》での時間はほんの束の間。すぐにセーヌをとって返して、リュ・ド・リヴォリに辿り着いた。そのまま真っ直ぐルーヴルへ。私は観光客と共に、その壁にある魔女っぽい作品を見て回る。例えばサルヴァトール・ローザの『サウルとエン・ドルの魔女』、それに古代の性愛魔術師の彫像、つまり『ヴェニュス・ド・ミロ』。数時間後、私は北へ向かっていた。パレ・ロワイヤルの庭園と並行に。今日の旅の終りは、国立図書館のリシュリウ棟。

古典建築の驚異。遙か高い円窓から光が注ぎ込み、まるでたくさんの太陽が研究机の列を見下ろしているかのよう。魔女はここにも歴史を刻んでいる。この建物は、魔女術を展示する世界初の展示会が開かれた場所だ。一九七三年の『魔女』。それと国立図書館は、たくさんの重要な魔女っぽい歴史的遺物を蔵している。最初期のマルセイユ・タロット・デッキから、『魔女』の初版、それに一四五六年のジャンヌ・ダルクの復権裁判の記録文書。

図書館を出た時、外はもう暗くて、エッフェル塔に灯が灯っていた。私はそのそびえ立つ栄光から顔を背け、セーヌに沿ってのんびり歩いた。そこでペール・ラシェーズ墓地で出逢った死者がもう一度私に挨拶した。水は黒く、月影にダイヤモンドのようにきらめいて、その流れの中に時を変容させている。

山々や牧草地や荒れ狂う海景と同様、都市もまた過去と現在の、生者と死者の交流のチャンネルになる。パリの至るところで、私はこの対話が生じるのを感じた。記念碑と美術館で、墓地と図書館で。多くの魔術で、交差点は昔から異界への門だと考えられてきた――形而下と形而上が繋がるところだと。だったらこの街では何が起る？　照らし出された土地が無数に拡がり、千の交差点が層を成す時に。あなたの身体自体が交差点だったら？

パリはパワフルなポータルだ。ここを歩くのは、この世のものならぬ儀式だ。何を掘り当てるか、何を悟るか、解ったもんじゃない。

ドイツの魔景《ウィッチスケイプ》

ドイツ　ハルツ山地

風は吹き息む。星奴は逃げ出す。
　兎角曇った月奴は隠れる。
ブロッケンの山に魔女ども征けば、
　虚空に数千の火花が飛び散る。
　　――ゲーテ『ファウスト』

HEXEN（ドイツ語で魔女の意）にとって、ハルツは故郷。異教の伝承に染まったこのドイツの山脈は、ナチュラルな魔女的驚異の山を提供してくれる。ヘクセンタンツプラッツ（魔女の舞踏場）、トイフェルスマウア（悪魔の壁）、そしてブロッケン山。最後のものは最高峰で、悪名度最高のサバトであるヴァルプルギスナハトの場所だ。告発された魔女のほとんどは別の場所で処刑されたけれど、長い異教の歴史を持つこの孤絶した地域は、魔女術の伝説というジャンル全体をインスパイアして来た。

ドイツの主要都市からハルツへの直行便はない。ハノーファーから三度も乗り換えて、ようやくヴェルニゲローデに着いた。ほぼ真夜中で、街路は無人。最終列車が駅を出て行く。最後の乗客がクルマの中に消え、そして私はひとりぼっちだった。小さな公園を横切りながら祈る。ケータイの電波がちゃんと届いて街を案内してくれますように。至るところで影たちが踊り、そんな私を嘲る。暗闇の中世の街を女の旅人がたった一人で徘徊していると、ほとんどあらゆるものが危険へと変容する。いつしか私は、この地方の禍々しい迷信に意識を固着させていた。現実の恐怖から心を逸らすために。現実の悪意ある男より、神話の獣に襲われる方が遥かにましだ。

ようやく、ドイツのお伽話から毟り取って来たみたいな木骨煉瓦のホテルに到着。これで安心安全に眠れる。トラヴェル・シャルム・ゴーティッシェス・ハウスは何世紀も前の建物の中にあって、この辺りの他の施設と同じく、中にいる魔女たちに、ちょっぴり目配せと会釈をしてくる。ハルツ山地の中心への旅を続けるために、翌朝は早起き。ホテルのヘクセンシュトゥーベ（魔女の部屋）に立ち寄って朝食。

溢れる陽射しの中を、ヴェルニゲローデ駅へとって返す。昨夜あんなに怖がってたのが馬鹿みたい。だけど闇はあなたが考えている以上に召喚の方法を知っている。辿り着いた線路のとなりに、ブロッケンバーンの線路があった。ハルツ山地を渡ってブロッケン山へ登る狭軌軌道（山頂に辿り着くには、汽車かバイクか徒歩しかない）。乗車券を買って待つ。ヴィンテージものの一九三一年の

蒸気機関車が、凄いファンファーレと共に登場。時を超える旅の始まり。汽車に乗り込み、シートに腰を下ろす。小さな木製のテーブルには鉄道路線図が刻まれている。ブロッケンバーンは煙を吐きながら駅を出る。それと共に、人間の文明は視界から姿を消す。

葉の繁茂が濃くなると、頭上の木の葉の天蓋は植物のトンネルとなる。樺の木が礼拝に集まる。秦皮がここかしこに育っている。地面は羊歯と高山植物に覆われている。この森は、ザクセン人にとって聖なるものだった。彼らは野外の、高い所で祈りを捧げていた。八世紀、侵入してきたキリスト教徒に反撃するために、ハルツ山地を要塞化したのも彼らだ。

高く高く登るにつれて、窓外の植物相と動物相が変化してゆく。がたんごとんという汽車の音が催眠術みたいに効いてきて、私を深い森の中へ、地獄の伝説へと引きずり込む。半睡半醒、私は周囲のあらゆるものの集合的な呼吸の中に閉じ籠もり、土地の声を聴く。

この山は生きている。岩盤は骨髄。上向きに波打つ険しい崖は背骨。樹々は結合組織。皮膚と毛髪は絡み合う松葉。その芳香は、ほとんど瘴気。動物たち――鼠、鹿、山猫、鳥――は、ブロッケンの血液。そのひょろりとした骨に群れ成し、策動し、うろつき回る。汽車は彼女の肉に打ち込まれた軌道に乗り、山の稜線を駆け上る。高い、高い針葉樹の列を擦り抜けて。分厚い緑の鬣をなぞる孤独な指のように。汽車は黒雲を吐く。大いなる地下世界を歓呼するためにブロッケンから噴出するヴァルプルギスナハトの火の煙のように。座席に跨がり、私は汽車が頂上に達するのを今か今

かと待っている。車内販売の女の人が鮮やかな色の蒸留酒《シュナップス》の小瓶を売り歩き、それを何人かの旅人たちがごくごく呑む。箒に跨がってブロッケンへ飛んでいくラリった姉妹たちも、こんなふうに期待に胸を膨らませていたんだろうな。そのエリクシル、空飛ぶ膏薬を腰に塗りつけて。髪を風に靡かせて、私たちはみんな、頂上にどんな楽しいことが待ってるんだろうとわくわくしている。山は、魔女たちの到着に心躍らせて唸り声を上げている。

最初にハルツ山地を自分たちのものとしたのはゲルマンの部族だ。彼らの神殿と祭壇は樹々であり岩だった。彼らの神と女神は大地と空だった。フランク族がキリスト教化されてローマ教会の仲間になると——これが神聖ローマ帝国のはじまり——ザクセン人は辛うじて改宗を避けた数少ない部族のひとつとなった。少なくともしばらくの間は。千年以上前、彼らとこの土地との繋がりは、それをものに取り憑かれた異教の〈異界〉として際立たせ始めた。

汽車は膨大な唐檜《とうひ》の森を抜ける間、ずっとしゅっしゅしゅっしゅ言っている。同じく頂上を目指す、杖を持ったハイカーたちの姿が見え始めた。みんながみんな、ラクしてブロッケンの山頂を目指すってわけじゃない。汽車でも魔法の道具でもなく、自分の足で巡礼することを選ぶ人だっているんだ。春のバッカナールにここに旅した時、ゲーテのファウストがメフィストフェレスに言い張ったように。

「どうです。箒の柄どもが欲しくなりはしませんか——私も極丈夫な山羊の牡が一匹欲しくなり

ました」、森の中を歩きながら、悪魔の使者は人間の友にそう言った。「谷合の曲りくねった道を辿って来て、不断の泉の迸《ほとばし》り出る、この岩に攀《よ》じ登るなんぞが、こう云う道を歩く人には、薬味のように利くのだ」とファウストは答えた。「己は足の草臥《くたび》れぬ間は、この節榑立った杖一本で沢山だ」と。

両名間もなくブロッケンの亡霊と遭遇する――英訳だとwill-o'-the-wisp――山には良くある光の幻影で、観察者の影が背後から投影されると、不気味な球体の周囲に虹の光の輪ができる現象。けどこの亡霊はフレンドリーで――少なくとも『ファウスト』では――この二人の旅人を、自分の灯で頂上まで案内してくれる。そこではヴァルプルギスナハトの悪魔の祭が、もうたけなわ。

終着駅に汽車が着く。蒸気のエンジンが大音量で息を吐く。私はすっかり現代の暇な魔女になっている。箒じゃなくて、オールドファッションな鉄道でブロッケンの山頂に着いたばかりの。黒と赤に塗られた客車を出て、地面に降りる。遠足の始まりだ。空には透き通った幽霊みたいな雲が浮かんでいる。夏の太陽は虚しく輝いている。海抜僅か三七〇〇フィートほどなのに、ブロッケンには独自の微気候があって、まるでその二倍の高度にいるような感じなのだ。夏の盛りだというのに、骨の髄まで慄える――だけど私にはヴァルプルギスナハトの空想があるんだ。もう何も寒くない。

魔女と悪魔とあらゆる獣は、春の寒さなんてものともしないだろう。ブロッケンの上では十分な体熱があるってことを知っているから。サタン御自らに招かれた彼らは、悪徳の死の舞踏《ダンス・マカーブル》で舌を絡ま

せ、あそこを押しつけ、そして肉を裂く。ファウストとメフィストフェレスが辿り着くと、「山腹全部が鳴り響く、魔女どもの猛り狂った歌により」。見ると、群衆の中にメドゥサとリリスがいる。若い魔女も老いたのも性的な奉仕をしている。素人役者がシェイクスピアのパロディ『ワルプルギスの夜の夢』を演じている。ファウストは闇の住人たちと共に酒と悦楽と笑いの狂宴に参加して、すっかり変貌を遂げてしまう。

〈ワルプルギスの夜〉の正確な起源は今も謎に包まれている。一部の歴史家によれば、この祝祭は春の豊饒祭と、ヴァルブルクという古代の女神のカルト、それに八世紀イングランドの、とあるベネディクト派女子修道院長の業績が合わさったものだという。このアングロサクソンの修道女は聖ヴァルプルガ。彼女はフランク族の領地にいた多くのゲルマン人異教徒を改宗させた。彼女は五月一日に列聖されたので、その結果、この日が彼女の祝日となった。真夏の聖ヨハネ祭の前夜の焚火のように、〈ワルプルギスの夜〉の春の炎は聖ヴァルプルガ祭の前夜の星々を舐める。

ブロッケン山は「何世紀にもわたって（ヨーロッパと言わぬまでも）ドイツにおける魔女の最大のサバトの地であると考えられてきた」とガーヒルド・ショルツ・ウィリアムズは『初期近代のドイツにおける知の方法・時代の証人としてのヨハンネス・プレトリウス』（*Ways of Knowing in Early Modern Germany: Johannes Praetorius as a Witness to His Time*）で述べている。「サタンの眷族、魔女とその使い魔が、年に一度のサタンの会合に蝟集《いしゅう》し、この峻険な光景の美と広大さを埋め尽くし、その空間で踊り狂

うと信じられた」とウィリアムズは言う、「同時に、現実にも、空想の中でも」。

ブロッケン山は今も境域だ。キリスト教と異教、過去と現在の相互作用が、罪深い歴史を持つこの美しい国立公園で、私の周囲に満ち満ちている。四方位の記された円の中心にある岩も含めて、山頂は儀式にはもってこいの場所だ。他の旅人を避けながらその周囲を歩く。それから、両手でそのぎざぎざの花崗岩に触れられるまで近づく。銘板には「ブロッケン山頂一一四二m」。雲は紗のようなブランケットとなり、太陽はそれを切り裂きたくて仕方がないんだけれど、何だか解らない曖昧な塊のままだ。私はブロッケンのいわく付きの話と関係している二つの岩の構造物、トイフェルスカンツェル（悪魔の説教壇）とヘクセンアルター（魔女の祭壇）を見に、下りを目指した。だけど磁石のように、箒に乗った魔女の付いた三角形の看板を通り過ぎて、私は山頂に戻ってきた。その看板はハルツァー・ヘクセンスタイク（ハルツの魔女の道）を示している――ファウストとメフィストフェレスも、その道を辿って山頂までやって来たのかもしれない。

キリスト教徒にとって、〈ワルプルギスの夜〉は薪を燃やし、悪戯をし、大声を出し、色とりどりの邪悪な紛争をして悪魔とその信奉者を追い払う春の祭だった。ハロウィンみたいなものだ。異教徒にとっては、〈ワルプルギスの夜〉は季節の変化を讃え、種を植え、豊かな始まりを慈しみ、遠い昔に死に絶えた古代の祭に従う時だった（異教徒 *heathen* というのはドイツ語でだいたい *pagan* と同じ意味）。現実の今日と〈ワルプルギスの夜〉のファンタジーの間を行き来する内に、私は四月

三〇日の祭には戻って来ようと誓った。毎年、何千人もの道楽者が集まるのだ。だけどお祭りはブロッケン山の上でだけやってるってわけでもない。ハルツ山地とヨーロッパの至る処でイベントが見つかる。今やヴァルプルギスナハトは、ファンタジーの物語にも、現実の活動にも同じように存在している。それは蓮っ葉で創造力に富んだ出来事で、過去千年間、数え切れないほどのクリエイターをインスパイアして、〈ワルプルギスの夜〉の伝説を音楽や詩、絵画、戯曲に変えてきた。

「〈ワルプルギスの夜〉の芸術的魅力は、部分的には、それと密接不可分に結びつけられるようになった顕著な文化的・歴史的・政治的含意に由来する」とジョン・マイケル・クーパーは『メンデルスゾーン、ゲーテ、ワルプルギスの夜』（*Mendelssohn, Goethe, and the Walpurgis Night*）で述べている。四月三〇日の前夜は「単なるイベントなどでは全く無い」とクーパーは断言する。「それはむしろ、高度に象徴的な文化的現象なのだ」。

ヴァルプルギスナハトのシンボリズムは、一九七〇年代にドイツのフェミニストたちがヴァルプルギスナハトを――そして魔女を――そのアクティヴィズムの中に求め始めた時、新しいラディカルな高みへと登った。「このイメージは女性を、男性にとって危険なものであると同時に、男性の暴力の歴史的な犠牲者として喚起した」とマイラ・フェレーは『フェミニズムの多様性：世界的視点からみたドイツのジェンダー政治学』（*Varieties of Feminism: German Gender Politics in Global Perspective*）で説いている。当時人気だったアメリカの反性暴力運動「テイク・バック・ザ・ナイト」にインス

パイアされて、ドイツのフェミニストは一九七七年からヴァルプルギスナハトにデモをやるようになった。「〈ワルプルギスの夜〉、すなわち歴史上の女神崇拝者の集会の選択は、女性の潜在力のみならず、教会と国家による性差別的な政治的弾圧のヨーロッパ史をも訴えかけた」とフェレー。

ブロッケン山の頂上を歩き回りながら、これらの女たちのことを想った。ブーツは泥塗れ。山の音にチューンする。〈ワルプルギスの夜〉は恐ろしき女性性という何重もの層《レイヤー》と共に築かれてきた――母なる大地、異教の女神、聖女、無法な魔女。これらの、比喩的でもあり文字通りでもある身体が、春の祭を産んだ。彼女たちのオーラは、年中この空間に充満している。

けれどほとんどのヴァルプルギスナハトの伝承は間違いなく反女性的なものだ。山上のサバトへ飛んで行く魔女の物語は、歴史上、最悪に悪名高い女性嫌悪の魔女狩りマニュアル――『魔女への鉄槌』(*Malleus Maleficarum*)にまで遡る。罪人を見つけ出すための有害な小冊子『魔女への鉄槌』は、今日の私たちが知っている魔女の定義に大いに貢献した――セックス狂いのフェム・ファタル、変身してペニスを盗む魔物、男を堕落させる、とてつもなく邪悪でむかつく老婆。

一四八六年にドミニコ会士ハインリヒ・クラーメルが書いた『魔女への鉄槌』は、魔女狩り審問官としてのクラーメルの仕事の集大成。一四八〇年代に、彼は南西ドイツで女たちを火刑台《ステイク》で焼き、その数は数百人に上る、とその小さな閻魔帳で主張《ステイク》した。彼はインスブルックでの裁判で、女性容疑者の性遍歴について長々しい尋問に耽り、最終的には自分の手法に固執しすぎて街から追放の憂

き目にあったと言われている。この追放の後、クラーメルは修道院に入り、自らの傷を舐めつつこの有害な代表作を執筆したのだった。

ハインリヒ・クラーメルの魔女狩り本は、現代の読者にはとんでもないものに見えるかも知れないけれど、当時の悪魔学的思想に則るものだった——そのセクシズムは天にも届かんばかりのものだったけど。『魔女への鉄槌』の女性嫌悪の推進力と影響力については今も論争になっているけれど、この本が波紋を起したということに関しては否定の余地はない。

テイマー・ハージグの論文「魔女、聖女、異端者」（*Witches, Saints, and Heretics*）によると、クラーメルの「後の悪魔学者や魔女狩り人の著作で表明される観念に影響を与えた、悪魔的な女性の魔女というキャラクター化は、一六世紀と一七世紀の魔女術論争における論説の一貫性を生み出した」。クラーメルはカトリックと後のプロテスタントの双方のための魔女狩りの効率化に多大な貢献をした。だから私たちは、そのことについては「感謝」しなくちゃ（彼のセクシズムにはどうも限界があったらしい——少なくとも、ハージグによると——というのも、クラーメルは女の魔女を憎んでいたけれど、シエナの聖カテリーナを範とする純潔な聖女は尊敬していたから）。

『魔女への鉄槌』の正統性を示すために、クラーメルはその冒頭に教皇インノケンティウス八世の教書を掲げた。この宣言は一四八四年のもので、魔女術がドイツで猖獗《しょうけつ》を極めていると宣言し、異端審問官クラーメルとヤーコプ・シュプレンゲル——後者はよく『魔女への鉄槌』の共著者とし

て名前が挙げられるけれど、執筆はほとんどしていないらしい――に、魔女のいる所ならどこであれ、捜索して殲滅する権限を与えている。インノケンティウス八世の教書にいわく――

男女を問わず多くの人々が、自らの霊の救済を忘れ、カトリックの信仰から逸脱し、悪魔やインクブス、スクブスに身を任せてしまった。それらの人々は呪文や呪い、召喚術、その他の呪われた護符や魔術、大罪、忌まわしき悪行により……魂を破滅させ、神の尊厳を傷つけ、有害きわまりない手本を示して多くの人々を堕落させるために、その他の数多くの恥ずべき犯罪や違反を犯すことを恐れない……

『魔女への鉄槌』もまたこんな感じの美文体で書かれていて、悪魔やインクブス、スクブス、それに魔女について詳細に論じている――魔女はだいたい女性で、何故なら「魔女術は肉欲に由来するものであり、女の肉欲は飽くなきもの」だから。これらの女の魔女は、サバトの集会で乱交パーティに参加する。けど盛装してなきゃ駄目。彼女たちの不埒な移動方法？　そうね、クラーメルによれば、魔女は未受洗の子供の肉でペーストを作る。それからその軟膏を椅子とか木片に塗る。すると「忽ちにして空中に浮かぶのである。それも昼夜を分かたず、目に見えることもあり、（また望むなら）目に見えぬようにもできる」。またある時には、悪魔的な動物に乗ることもある。

『魔女への鉄槌』以前にも、悪魔学者たちは魔術による飛行を論じていた。九世紀の教会法には、女たちは夜に空を飛んで異教の女神や動物と集まるような空想をすることがある、と書かれている。『司教法令集』によると――

また、サタンに身を委ね、悪霊の幻覚幻想に惑わされた邪《よこしま》な女たちが、以下のようなことを信じ、かつ告白していることも無視してはならない。すなわち、その女たちは、真夜中に異教の女神ディアナや数え切れぬほどの女たちとともに、獣に乗って夜のしじまに広大な距離を飛行し、女主人である女神ディアナの命令に従い、また別の夜にはディアナに仕えるために呼び集められるという。

つまり『司教法令集』の時代の教会の公式見解によれば、夜間飛行を自供した女たちは単に夢を見ていたか、悪魔にたぶらかされていただけで、実際に空を飛んだわけじゃないってこと。この見解は時間が経つと見直され、『魔女への鉄槌』によって否定されることになるけれど、その形まで変ってしまった。クラーメルは人畜無害なディアナ信者の夢や空想と、現実の邪悪な魔女の悪魔的な飛行とは別物だと考えたから。この鮮烈なイメージは、クラーメルの大人気の著作と、その画像表現を通じて大衆に浸透していく（印刷機の発明と共に、一七〇〇年までに少なくとも三〇の版があり、

三万部は流通していた)。

「『魔女への鉄槌』はブロッケン山、もしくは何であれ特定の場所を名指してはいない」とジョン・マイケル・クーパー、「だが、魔女や悪魔憑依者が空を飛んで目的地へ向かったというその主張、および高山の魔女を含む幾つかの事例研究は、明らかに山頂での魔女のサバトに関する伝承と結びつき、魔女に取り憑かれた大衆の心にしっかりとこのイメージを根付かせたのである」。

一五八九年にオスナブリュックで行なわれた魔女裁判では、何十人もの女性が、他の八〇〇〇人の魔女たちと共にブロッケン山でのサバトに参加したとして起訴された。ドイツのあちこちの他の裁判でも、ブロッケン山とか地元の陰鬱な山でのサバトが自供されている。

一六二〇年までに、ミヒャエル・ヘルは身の毛のよだつような銅版画で、初めてブロッケン山のサバトを描いた。その中では魔女たちが着陸して集まっている。ある者は山羊、ある者は二股フォーク、その他の身近なものに乗って飛んでいる。大酒を呑み、太鼓を叩き、喚き、誘惑している。ワインの大樽が用意され、数名の魔術的グルマンが、身体のパーツを煮込む鍋を囲んでいて、それを猫が興味深げに見守っている。

それよりも広く流布したブロッケン山の伝承は、ヨハンネス・プレトリウスが一六八八年に出版したハルツ山地に関する人気作『ブロックスベルク物語』(*Blockes-Berges Verrichtung*)――ブロックスベルクというのは、ブロッケン山のもう一つの名前。一世紀以上後、ゲーテは『ファウスト』を書く

ためにこの本を参考にする。一六〇〇年代末までに、ヴァルプルギスナハトの話はすっかり浸透していたけれど、プレトリウスは自分の再話にさらなる扇情主義を吹き込んだ（彼のいきいきした大作の挿絵では、舞台中央で一人の魔女が山羊の肛門に接吻している）。

ウィリアムズが言うように、「『ブロックスベルク物語』の構成と内容は、地誌と悪魔学の関係から大いに影響を受けている」。プレトリウスは、喚起的な新方式によって土地と伝承との魔術的関係を提示した、とウィリアムズは述べた。これにより、ブロッケン山の風景を一般ドイツ人の中に「魔景《ウィッチスケイプ》」として固結させる一助となったのである、だって。

北ドイツの最高峰で過す時間も残り僅か。肺は清冽冷涼な空気に満たされている。もうちょっと暖かい服が欲しくなってきた。この遠足に満足して、私は岩に着いているヨハン・ヴォルフガング・フォン・ゲーテの影像を見に立ち止まった（彼はブロッケン山について書くのと同じくらい、それに登っている）。それから、ブロッケンハウス博物館へ。そこでは、冷戦時の諜報活動やゲーテの著作やドイツの魔女伝承の中でブロッケン山が果した歴史的役割を見ることができる。

魔女と同じく、ブロッケン山自身も形を変える。山から軍事基地へ、それから神話と魔術の場へと。博物館の展示は教育的で、詳細で、たぶんドイツ語話者にとってはとても魅力的なんだろうけど、私が専ら入り浸ってたのはフォトブース。ブロッケンの山頂の上を、箒に乗って飛んでるみたいな写真が撮れる。良いお土産には目がないの。

サバトの間、ファウストとメフィストフェレスはスピリチュアルと産業の複合体とも直面する。二人は儀式用具や古道具を売り歩く老魔女と出会うんだけど、それって私がブロッケンハウスでみたものに似てるんだろうなあ、なんて考えるのが好き。ギフトショップには、魔女のピンだの魔女の本だの、魔女のステッカーや絵葉書だの、それから家に吊すための、箒に乗った小さくて色とりどりの老婆で溢れ返っている。

ブロッケン山は大自然と女性の力の祝祭を表していて、魔女狩りの時代にも殺人や拷問が行なわれたことはないんだから、私だってバリバリ観光気分全開でもいいよね。私は大枚はたいて、箒に乗った、淡いピンクの髪に星のプリントのサシュの小さな老婆を買った（今はうちの先祖を祀る祭壇にいる）。歯を剥き出してにやにやしてるのは、地球を半周してこの魔法の場所へ来れた経験に対する私の感謝を表している。こういう商業主義――それと、ブラットヴルストのスタンドと、飛んでる魔女の輪郭の描かれた業務用車両――はアレだけど、それでもブロッケン山は商業化でも消し去れない野生が残っている。

ドイツ人の老婆を手に、私は嫌々ながら汽車に乗り、ヴェルニゲローデへ向かった。山を下りる一駅ごとに、神秘が消散していく。開けっぱなしの窓から排気の煤が流れ込んできて、乗客たちに咳の嵐を巻き起こす。私は汽車の中でもう一度、観光客になった。ヴァルプルギスナハトの火はもう燃えていない。だけど街に近づくと、樹々では鳥が歌っている。ハルツ山地の風景はいつだって

流動的。目の前で、風景《ランドスケイプ》から魔景《ウィッチスケイプ》へ、そしてその逆へ。

ハルツ山地での最後の日、ヴェルニゲローデでカーサーヴィスを頼んだ。ものの数分で、TAXIという文字に乗っている魔女の絵の描かれたヴァンがホテルの外に駐まった。まあドイツだしね。スニッカーズを隠す間もなく運転手に挨拶して、クヴェートリンブルクに向かう。

第二次大戦でも無傷だった目もくらむ中世の街、クヴェートリンブルクは気まぐれにうねうねする街路の街で、千年以上にわたって木骨煉瓦の家が完璧に保存されている。歴史からしてフェミニスト好みで、ここでは八〇〇年以上にわたり、女性たちが大きな政治的影響力をふるってきた。九三六年、ザクセン王ハインリヒ一世の未亡人マティルデが女子修道院を建てて、それ以後その修道院長はクヴェートリンブルクとその周辺地域でかなりの権力を維持することになる。一八〇二年にナポレオンに侵略されるまで。

街を歩いてみても、地面にゴミひとつ落ちていない。魔女収容所の痕跡もほとんどない——ただ一つ、店のウインドウの外にあった小さな看板の妖術使いの女が「飛ぶ前に買いなさい」と言っている。遠くの丘の上のクヴェートリンブルク城と聖ゼルヴァーツウィウス教会を眺めていると、苦

もなく時間が巻き戻って中世にいた。明るいオレンジの屋根が、風景を照らしている。

ヴェルニゲローデのそこかしこがドイツのお伽話みたいと思っていたけれど、クヴェートリンブルクはそっくりそのまま、もはや絵本の世界。クヴェートリンブルクを描いた旅行記のほとんどに「お伽話」という言葉が出て来る。まさにグリム童話さながらに——骨抜きにされてるアメリカ版じゃなくてね——このユネスコの世界遺産の街には、暗い側面がある。

歩いていて、六芒星や十字架なんかの厄除けの印が古い木骨煉瓦の建物の梁に彫られているのに気づいた。病気を追い払い、悪魔や魔女を寄せ付けないためだ。ドイツの多くの街がそうだけど、クヴェートリンブルクでも魔女狩りがあった。だけどそれは、後に出て来るプロパガンダに比べれば全然インパクトはないもの。と言うのもクヴェートリンブルクはまた、初期近代の魔女狩りに関する、これ以上もなく間違った主張が出て来た場所だから。

初期近代に、いったいどれくらいの人が魔女術のかどで起訴され処刑されたのかについては、学者、フェミニスト、実践魔女の間で、いろんな見解がある。アメリカの歴史家アン・バーストウの見積では、起訴されたのは二〇万人で処刑は一〇万人。だけど彼女は、こういう数字を出す難しさを認めている。『魔女狂躁：ヨーロッパの魔女狩りの新しい歴史』（*Witch Craze: A New History of the European Witch Hunts*）の中で、バーストウは言う、「魔女術の統計を扱うのは、流砂を相手にするようなものだ」。

オーストラリアの歴史家リンダル・ローパーの『魔女狂躁：バロック期ドイツの恐怖と幻想』（*Witch Craze: Terror and Fantasy in Baroque Germany*）では、数字はバーストウの半分になっている。「魔女狩りにおいて、恐らく最大五万人が死んだ」と彼女は言う。「多くの場所で、その尋問記録は破棄され、単に〈何百人もの〉魔女が殺されたという話だけになっているので、正確な数字は知り得ない」。

ドイツの歴史家ヴォルフガング・ベーリンガーはローパーに同意している。『魔女と魔女狩り』（*Witches and Witch-Hunts*）によれば、「一四〇〇年から一八〇〇年までの間に、魔女術と妖術のために総計、五万人ほどが刑死したとわれわれは見積もっている」。さらに、その二倍の人が「流刑、罰金もしくは教会での贖罪行為」などの罰を受けたという。

けれど別の人たち——一九世紀末のマティルダ・ジョスリン・ゲイジに始まって、二〇世紀のマーガレット・マレーやメアリ・デイリーへと続くフェミニスト著述家も含めて——は、九〇〇万人という馬鹿げた数字を触れ回っている。そんな数字、いったいどこからって？　他ならぬこの古風な街、クヴェートリンブルクよ。

ロナルド・ハットンの『魔女、ドルイド、アーサー王』（*Witches, Druids, and King Arthur*）によると、一八世紀ドイツの歴史家ゴットフリート・クリスティアン・フォイクトは、自分の故郷の魔女狩りによる死者数から類推して、ヨーロッパ全土では九〇〇万人以上の魔女が殺されたと見積もってい

た。フォイクトが「この結論に到達したのは、他ならぬクヴェートリンブルクで一五六九年から一五八三年までの間に三〇人の魔女が焼かれたという記録を発見し、その数字は、少なくとも魔術禁止法がある限り他の地域の同じ時期においても標準であると考えたためである」。とハットン。ここから「彼は単純に、他のキリスト教国の推定人口に合せて掛け算したのだ」。

この狂気の天文学的数字にだってそれなりの根拠はあったわけ。完全に的外れだったけれど。そして今、歴史家たちは痛烈にフォイクトの数字を論破している。正確な死者数だけに焦点を集めすぎると、西洋の魔女狩りの長い歴史的・神話的遺産の解明から目を逸らすことになりかねない。

クヴェートリンブルクの千年の街路に迷い込んだ私は、地図から解放されることを自分に許してあげた。老人たちが褐色と白の家の外に腰を掛けて日向ぼっこしている。公園では小さな黒猫が藪から出て来て、通りかかった私に向かってにゃ〜んと可愛く鳴いた。だけどクヴェートリンブルクでどんなに迷子になろうとしても、中世ヨーロッパの街ではいつだって、あなたを街の広場に連れ戻すのだと私は気づいた。そこでは、街役場つまりRathausは一三〇〇年代初頭から同じ場所に建っている。その石の顔は今や、蔓と花の分厚いヴェールでマスクされているけれど。広場の周囲はどこもレストランとショップが列を成し、人々が外に腰掛けてビールを呑み、話に夢中になっているにしては驚くほど静かだ。クヴェートリンブルクの中世の楽園の静謐な散歩でリフレッシュした私は、魔女の歴史のもう一つの部分に取り組む用意ができた。電車で一〇分、チャーミングな過

去からキッチュで魔女魔女しい現在の街、ターレへ。

ターレは街の形をしたLSDトリップ。魔女のテーマパーク、拷問具とサイコセクシュアル・ドラマで溢れ返った博物館、それに悪名高いヘクセンタンツプラッツ（魔女の踊り場）がある。お陰でこの街は、私が今回の魔女狩りで訪れた場所の中で一番魅惑的で馬鹿げたところになった。

電車を降りるとすぐに、小さなターレ駅の売り物の山に圧倒された。クリスタルにキャンドル、魔女に因んだ酒、魔女をあしらったピンや葉書、箒に乗って飛ぶ魔女が描かれたネオンシャツが至る所にある。うっとりするような商品たちの誘惑から無理矢理に目を引き離すと、駅のすぐ隣りにオブスクルム・ターレがあった。ぱっと見はハロウィンセールのパーティ・シティ〔訳注：小売チェーン〕まんまだけど、よくよく見ると、遙かに魅惑的であることが判った。黒い屍衣の骸骨がオブスクルムの入口の階段を指している。壁には、ジョン・ウィリアム・ウォーターハウスの『魔法円』。私の興味は跳ね上がった。

この珍奇博物館の中には、歴史なんてお構いなしの、虚実取り混ぜたブリコラージュがどの部屋にも所狭しと並んでいる。『魔女への鉄槌』のパネル、ベフラーグングシュトゥール（とげとげの尋

問椅子）、魔女術関連のハーブ、魔女の火刑用の薪なんかが、吸血鬼だの人狼だのゾンビだのの展示と仲良く並んでいる。オカルト用品が鮨詰めの部屋が馬鹿みたいにあって、全部見るなんてとてもじゃない。これからターレでの冒険で出逢うものの予兆としては良くできてるわ。

オブスクルムを出て、陽を浴びて、樹々の生い茂った所を行くと、ファンパーク。私のドッペルゲンガーが――フクシア色の帽子とドレスでにっこり笑うブロンドの魔女像――中で迎えてくれる。幾つかの遊具を横目に、ヘクセンタンツプラッツ行きのゴンドラ搭乗券の行列に並んでいる家族に合流。空中数百メートル、ガラスの車に乗って、ハルツ山地に充満する濃密な野生のパノラマ的な風景を満喫。またしても、よく判らない形が現れるのを感じた。不吉な岩石構造が魔女の指みたいに突き出ている。眼下の森から、私を招くように。数分の内に、私は異教のパーティが始まる現場にいた。ブロッケン山の上で、それはたけなわを迎える。

ボーデ渓谷を見下ろすヘクセンタンツプラッツは、ザクセンにルーツを持つ岩の台地（傍には一五〇〇年以上も前の、ザクセンの花崗岩の壁の遺構もある）。この場所で、昔のザクセン人は儀式を行ない、山の神や女神に生贄を捧げていたとされている。そんなわけで異教色が強く残っていて、毎年数え切れない道楽者が集まって、この〈魔女の踊り場〉でここならではの〈ワルプルギスの夜〉を祝う。

「われわれは、ドイツ一円で、年に一度の魔女の遊覧が、五月一日（ヴァルプルギス）に行なわれ

ていたことを知っている。すなわち生贄の祭、古えの五月の集いの日である」、民俗学者のヤーコプ・グリムは一八三五年のドイツ神話の研究書『ドイツの神話』(*Deutsche Mythologie*)でそう述べている。「魔女は常に、かつて正義が行なわれていた場所、生贄が捧げられていた場所に通う……ほとんど常に、魔女の山はかつては生贄が捧げられていた山、国境の山もしくは塩山であった」。

ブロッケン山と同じく、ヘクセンタンツプラッツもまた魔女伝承が豊富だ。どちらもオーバーハルツ地域に属していて、ここはウンターハルツよりも「雄大であり、その岩山の光景はさらにグロテスクである」と一八八〇年のロンドン協会の案内書にある。この地域が商業化される遙か以前、テーマパークが造られる遙か以前には、「ハルツ山地における最高、かつ最高価な宿」はターレにあった。一九世紀イングランドの旅行作家はヘクセンタンツプラッツを、「垂直の崖……そこに建てば、周囲の山系の光景は遙かに素晴らしいものとなる」と紹介している。今じゃ、ゴンドラに乗るか、下の渓谷からぐるりと登る昔ながらのハイキングコースを歩けば、簡単にこの風景を堪能できる。

頂上に立つと、あらゆる方向のいろんなアトラクションを指し示すドイツ語の看板に圧倒された。ヘクセンタンツプラッツは今や、一部は自然保護区、一部は魔女のテーマパーク、野外劇場に動物園、複数に分れた博物館、それに魔女をテーマとする軽食のスタンドやギフトショップとなっていて、目が離せない。本能的に群衆に付いて行くと、中央エリアに出た。裸の悪魔と魔女の像があっ

て、子供たちのジャングルジムにされている。

若い女の子がせむしの魔女像に跨がっている。その突出した背中を、大きな蜘蛛が住処にしている。女の子は赤ん坊を抱えていて、二人はくすくす笑っている。もう一人の男の子は魔女のすぐ隣の動物の悪魔を調べている。他の子供たちは、大きな岩の上で開脚座り《マンスプレディング》（デモンスプレディング？）する悪魔の真似をしている。魔王《ダークロード》のブロンズの生殖器は細部まで綿密に彫られ、幸運を願う観光客に撫でられ続けててかてかしている。

近くにあるのはヘクセンブフェット（魔女のビュッフェ）。ここで人々はファストフードを腹に詰め込む。高さ三〇〇〇フィートの上にオーバーハングした岩の縁ぎりぎりのところで。私はまわりの騒音をシャットアウトして、魅惑的でもあり、不吉でもある山の方に集中する（ターレの母国語以外の言葉は聞えない。カタコトのドイツ語で難渋していても、誰も私に英語で話しかけようともしない）。

押し合いへし合いしながら喚く子供たちとその親たちから離れて、私はハルツェウムのヴァルプルギスグロッテのコーナーに入った。気味悪いほど空いていて、あのオブスクルムに輪を掛けて奇妙なものが置いてある。どの部屋でも魔女伝承が、細密なタブローの前に置かれた気味の悪いマネキンを通じて甦る。魔女のママと悪魔のパパが見守る鬼子は、リビングの床に寝転んで、ナメクジだらけのペンタグラムのボード・ゲームに興じている。ランジェリー姿の女が、ハートで覆われた、赤い光を発する家の中から差し招いている。たぶん、魔女術と売春の繋がりを強調しているのか

な？

魔女の拷問具と現代の魔女術グッズ——タロット、ルーン、ウィジャ盤——の真ん中で、長い灰色の髪の老婆が小屋の前に立っている。肩には黒猫。窓から悪魔の子供が覗いている。壁にはデスマスクみたいなものと、亀の甲を帽子にしている子供がいる。出口のすぐ前には、ウェディングドレスの女がクレジットカードの束を広げて、四つん這いの男の鎖を掴んでいる。つまり、どんな女も旦那の目から見れば魔女ってことですかぁ？

ダークなユーモアと異常なまでの不気味さに満ち満ちた——特に、アメリカ人である私の目には——ヴァルプルギスグロッテを出た時、ほんのちょっと頭がくらくらした。何しろ、暗いドイツの、魔女伝承のお化け屋敷から、いきなり燦々《さんさん》と陽の注ぐ美しい山頂に出て来たんだし。神話のドイツの森そのものが遙か下に、目の届く限り広がっている。周りでは、小さな子供を連れた家族が、その辺にこそこそと潜んでいる魔女や悪魔の余韻を楽しんでいる——悪気のないお遊びだ。私はヘクセンタンツプラッツの上で、文字通りの闇と光のコントラストを楽しんだ。この不協和の感覚は、山の麓に降りて、クヴェートリンブルクに戻るまで、ずっと生きていた。

初期近代の魔女——特にドイツの——は魅惑的だけれど、それ以上に、とは言わないけど同じくらい不快でもある。たとえ美しく見えたとしても、一皮剥けばそこには腐った老婆がいる。私はハルツで、この不穏な並置を直観的に感じた。大胆な商業主義と、息を呑む自然の美、それと、キッ

チュな魔女博物館やアトラクションの猟奇的な喜びに覆い隠された魔女狩りの歴史の純然たる恐怖に直面した時に。

私はずっとショックのあまり口をぽかんと開けていた。そんなの私だけだったけれど。ある時は恐怖し、ある時は畏敬し、その全ての愚かしさに悪魔的な哄笑を浴びせた。何千人もの人が、ドイツで――そしてヨーロッパの至るところで――惨たらしく死んだ。だけど私はまだ、北ではこの歴史に対する畏敬の念はほとんど見ていない。別の見方をすれば、たぶん私の見た魔女伝承というのは、異教の信仰の祝祭とか誤解された魔法使いの女たちであって、彼女たちのための葬礼ではなかったのだ。だけど南で見つけたものは、全く異なる物語だった。

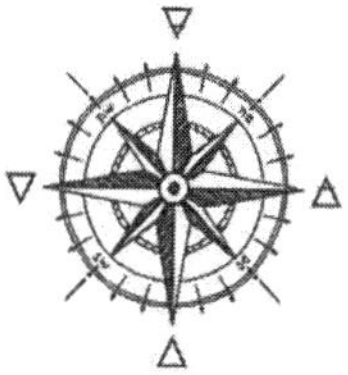

バイエルンの恐怖と変容

ドイツ　バンベルク

バンベルクは目のためのバロックの祝祭。聖マルティン教会はピンクとゴールドの豪奢な狂宴。祭壇の上ではピンクの大理石のピラミッドが、楽しげな智天使の輪に囲まれた金ピカのＩＨＳを挟んでいる。ピンクの大理石の柱が、黄金の渦型装飾を乗せている。天井のフレスコ画は目を惹くトロンプルイユ。この空間を、そびえ立つ黄金のドームに変容させる。

街に出ると、過剰な装飾で溢れ返る丘の上の〈新宮殿〉――タペストリ、大広間、アンティークの家具、ドイツ美術と工芸の傑作たち。延々と広がる薔薇園があなたをお出迎え。ピンク、ホワイト、レッドの花々が、カラーコーディネートされた列を成す。さすがは「小ヴェネツィア」、木骨煉瓦の家々の間を流れる静かな川の光景は息を呑むほど素晴らしい。バンベルクはまさに壮観の街。でも何世紀も前には、別の種類の息を呑む壮観で有名だった。

初期近代のドイツにおける魔女への恐怖は、視覚的であると同時に本能的でもあった。脆弱な骨から剥がれ落ちる忌まわしい女の肉、口元の緩んだ老婆は後ろ向きに山羊に乗って、罰当たりな小

言を吐き続け、赤ん坊を煮て悪魔たちと馬鹿騒ぎする。作物を枯らせ、妊婦や酸乳、婚礼の床に呪いを掛ける。老いた子宮は役立たずだけれど、禁断の性欲に沸き立っている点では、自分と正反対の者たち——若くてセクシーな女妖術使い、その流れる髪はウェヌスの神秘——と何ら変らない。「豊饒、女体、幼児の脆弱さに関するこれらの先入主は、ドイツにおける魔女狂躁の中心にあった」とリンダル・ローパーは『魔女狂躁』（*Witch Craze*）で述べている。「そして魔女のイメージが最も探索されたのは、ドイツ美術においてであった」。

ドイツ美術の最初期の魔女表現としては、法学者ウルリヒ・モリトールの魔女術論『女の魔女と見者について』（初版一四八九年）がある。夕食を囲んで悪事を企む三人の狡猾な女妖術使い。二股フォークに乗って飛ぶ半人半獣の怪物。舌を絡ませる魔女と悪魔。秘薬の大釜を焚いて悪天候をもたらす二人の魔女。

「ドイツの魔女狩りにおける魔女は、先ず第一に天候魔術師であった」とヨハネス・ディィリンガーは論文「ドイツ：「魔女の母」」（Germany – 'The Mother of the Witches'）で述べている。魔女は庶民と家畜の身体にありとあらゆる災いをもたらすと考えられていたけれど、大きな恐怖と懸念を喚起したのは元素の変動だった。「何度も何度も、魔女のサバトの唯一の要諦は、魔女に集団で天候魔術を行なう機会を与えることであると見做されてきたと思しい」とディィリンガー。「極めて多くの事例で、不作の地域や村を襲った雷雨や霜は魔女狩りを惹き起こした」。

ハンス・バルドゥング・グリーン、たぶん一六世紀のザ・魔女画家もまた、一五二三年の油彩「天候の魔女」でこの種の元素妖術師を描いている。二人の可愛らしいヌードの女性と、悪魔的にカワイイ丸々とした子供と、彼らを取り巻く黒い雷雲。魔女の一人は背中をこちらに向け、コケティッシュな視線を肩越しに放っている。もう一人は座っていて、股下に山羊を隠している。ガラスの瓶を高く掲げ、呪いを掛けている。魔女を描いたバルドゥングの多くの作品の中で、この一枚は間違いなく、一番上品なものだ。通常は彼のカンヴァスは素っ裸の老婆が股をおっ広げて悪臭を放つ軟膏を造っていて、そこらに骨だの死体の一部だのが散乱しているとか、空飛ぶ魔女だとか、あらゆる年齢の魔女がお楽しみを繰り広げ、魔女同士で、あるいは悪魔を相手に何らかの放蕩に耽っているとか、そういう場面が溢れ返っている。

「バルドゥングの下劣な魔女は、男たちが必死に拒絶しようとするあらゆるものを提示することで、彼らが実際には熱望するものを立証している」とリンダ・C・ハルツは『女神としての魔女：初期近代ヨーロッパにおける芸術、ジェンダー、権力』（*The Witch As Muse: Art, Gender, and Power in Early Modern Europe*）で断言している。ハインリヒ・クラーメルが『魔女への鉄槌』に記した魔女の邪悪なセクシュアリティと破壊的な女性的魔術が、バルドゥングの作品には字義通りに、隠喩的に、そしてエロティックに描き出されている――そして彼の師匠であるアルブレヒト・デューラーの作品にも。実際、デューラー自身の名付け親が、一四九〇年代にその卑劣なテキストの二つの版を出版

しているのだ。

一四九七年にデューラーが制作した版画「四人の魔女」は、当時急発展を遂げていた魔女術に関する言説を要約している。四人のセミヌードの若い女が、向かい合って何やら相談している。男には知る由もない企みの輪を作っているのだ。暗い隅から悪魔が覗き込んでいるので、女たちが何らかの陰謀を巡らせていることは間違いない。男の鑑賞者は間違いなく、この作品にウェヌスと三美神の隠喩を見るだろう、とハルツは言う。それと、当時における悪魔的呪術の観念と。

「諷喩の傑作であるデューラーのイメージは、一五世紀末における魔女術の概念の状態を完璧に具現化している。それは真夜中に行なわれる秘密の乱痴気騒ぎ、幼児殺害と人肉喰、女神崇拝の女が夜間飛行で〈フェーヌスベルク〉へ向かい、放埒などんちゃん騒ぎに耽るという古代の信仰を繋ぎ合わせている」とハルツは言う。「『魔女への鉄槌』はこのような信仰を黙示録的ミソジニーに仕立て上げ、魔女と悪魔による、キリスト教秩序に対する組織的な陰謀――終末の確かな兆し――というヴィジョンを描いたのだ」。

多くの人にとって、これは誇張でも何でもなかった。と言うのも、終末は近かったから。そしてバンベルクの庶民は、どれほど近いのかなんて知る由もなかった。

一六二六年の晩春、季節はバンベルクを裏切った。畑に霜が降りてライ麦と大麦を全滅させ、停泊中の船は凍てついた。バンベルクの修道女アンナ・マリア・ユニウスは日記に書き記している。

五月二五日、「大きな泣き声が街を覆った……人々は死ぬほど恐れた」。一夜にして何が起ったのかを知ったから。領主司教ヨハン・ゲオルク・フークス・フォン・ドルンハイムは「怒り狂った」。

今の科学者たちは、この天候不順を「小氷期」の所為にしている。だけど当時は、それはサタンの力が地上を覆っていることの確かな印だった。この災害から六ヶ月以内に、領主司教ドルンハイムはこれを惹き起こした魔女を探し出すためのヘクセンコミッシオンを創設、付属司教フリードリヒ・フェルナーを任命した。彼は対抗宗教改革の時、プロテスタントに対する戦争の指導者だった人。ドルンハイムはまた、その措置を批判したり邪魔したりすることを禁じる法令を出し、こうしてバンベルクの大魔女狩りの舞台は整った。一〇〇〇人からの人が残虐に狩られ、拷問され、処刑された。ヨーロッパ史上でも最も血なまぐさい魔女狩りのひとつ。

初期近代のドイツは――フランスと同じで――今の領土内が統一されていなかった。魔女狩りは地域ごとに異なっていて、だからある地域ではとても苛酷でも、他の地域では迫害は全く見られないということもあった。だけどフランスとは違って、神聖ローマ帝国のドイツの土地には魔女迫害を抑制するパリ高等法院みたいな強力な政体はなかった。この権威の細分化に加えて、カロリナ法典では拷問が認められていたし、民衆の信仰は当時の悪魔学にシームレスに統合されていた。だからドイツの刑死者数が二五〇〇〇人に上った理由は明らかだ――ある学者によれば、初期近代のヨーロッパ全部の魔女狩りの犠牲者の半分に相当する。

バンベルクの過去への旅は、桃色の薬局の前から始まった。フランツ＝ルートヴィヒ通りとプロメナーデ通りの角に、ザンクト・ヘートヴィヒ薬局がある。一見ごく普通の店だけど、外壁のプレートを見ると、そうじゃない。小さなガラスのプレートに描かれているのはルネサンス様式の建物で、正義の女神と天秤の絵もある。この版画の中では川が穏やかに流れ、河岸からは樹が生えて、全体としてはほとんど感じが良いって言っても良いかも——ほとんどね。その上に、説明書きが一言。*Malefizhaus*（魔女の家）。

バンベルクの「魔女の家」の内部は、壁が血塗られている。部屋は独房で、家具は吊し刑具と拷問台。叫び声と強制された自供が空気を汚染している。ここは代々続くトラウマを生み出した堕落の場所。だけど領主司教ドルンハイムと付属司教フリードリヒ・フェルナー、つまりバンベルクの魔女狩りを推進したコンビにとっては、これは無上の成果だった。魔女術の罪で告発された市民を収容し、審理し、酷い目に遭わせるための監獄と裁判所と拷問部屋の複合施設。

バンベルクの魔女の歴史のツアーガイドは才気煥発で思慮深い女性で、この街の暗い過去について長年研究してきた。彼女はまず、魔女のサバトを描いた初期近代のドイツ美術を見せてくれた（もちろん、ハンス・バルドゥング・グリーンの作品も含まれていた）。それから、マレフィッツハウスで使われていた拷問具の、身の毛のよだつような詳細を説明した。例えば舌抜き器だとか乳房切り器だとか——火に掛けると、熱いナイフでバターを切るみたいに肉に滑り込むやつ。ガイドさんは

すぐに、魔女狩りにおける抑圧的手法と現代の政府による迫害の類似性を比較対照してくれた。バンベルクでの人間性抹殺と拷問を、その週に合衆国で新聞の見出しになったばかりの非人間的な行為とを比較したの。政府がラテンアメリカ系の移民の子供たちを、苦痛のある状態で監禁して、基本的人権を奪ったって話。プロパガンダは暴君にとって必要不可欠な道具です、と彼女は言った。だから、権力を濫用する者は常に正当化のための宣伝を必要とします。自国のさらに暗い歴史に踏み込んで、ガイドさんはフェルナーをヨーゼフ・ゲッベルスに、ドルンハイムをアドルフ・ヒットラーに準えた。

『闇を抱きしめて』(*Embracing the Darkness*) の「バンベルクの魔女の家」の章で、ジョン・キャロウはフェルナーが、一六二六年の魔女狩りの波が始まるよりもかなり前の、魔女術に関する自分の説教集を何十冊と出版することによって「以後の裁判の知的枠組みを提供した」と説明している。マルティン・ルターのお陰で、その一世紀前にドイツにはプロテスタンティズムが産まれていて、バンベルクのようなカトリックの牙城にとっては大きな脅威になりつつあった。これを踏まえて、フェルナーの説教は教区民に対して、迫り来るプロテスタンティズムやら異教の悪魔やらの危険への恐怖を駆り立て、そいつらを根絶するためなら手段を選ばない、と思い込ませようとしていた。「フェルナーは、貧困と悲惨に打ちひしがれたバンベルクの民はローマ・カトリック教会ではなく、無数の『狡猾な女と卑小な女の魔女』に助けを求めつつあると信じていた」とキャロウは言

う。「この者たちは、その悪影響を受けた単純かつ意志薄弱な者を破滅へと導くであろう、もしも迅速かつ効果的に統制しないのならば」。

フェルナーは、ハインリヒ・クラーメルのように、魔女術の主要な煽動者として女性を非難した。そしてドイツ全体では、女性は告発されて処刑される人の七五－八五％に上った。けれども、バンベルクの魔女狩り人たちはその範囲を広げた。この街でのドルンハイムとフェルナーの狩りはどんどん拡大して、子供たちや男たち――有力者も含む――も犠牲となった。多くの人が火刑台で自分や家族の命を失ったけれども、中でも顕著な例が二つある。そのどちらも、文字が彼らの運命を記録している。一つは書物。もう一つは手紙。

元マレフィッツハウスを出て、ガイドさんは古風な旧市街を通り、バンベルクの一七世紀の最富裕層の現存する家に連れて行ってくれた。彼女は特にナイスなルックスの家を指した。ハンス・モルハウプトという少年が暮らしていたとされる家。ガイドさんの話によれば、最初は禁書を読んだということに始まって、あっという間にハンスが、家のメイドが、母と父が、最終的には近隣住民までもがヘクセン＝コミッシオンで尋問を受け、火刑台へ送られるに至ったのだという。

ゲーテのファウストがブロッケン山へ登るより遙か前から、ファウストゥス博士の物語はドイツ中の食卓で語られていた。より良い人生を求めて悪魔に魂を売り渡したドイツ人の伝説が最初に出版されたのは一五八〇年代だけど、バンベルクはそれ以前からこの話と独自の繋がりを持っていた。

街の記録によれば、バンベルク領主司教は一五二〇年、ファウストゥス博士という名の人物に一〇グルデン支払って自分のホロスコープを読んで貰った。その一世紀後、ハンス・モルハウプトはイエズス会士の教師が書いた『ヨーハン・ファウストゥス博士の物語』を読んだことで逮捕された。この本が悪魔を語っていること、バンベルクと関連していること、プロテスタントの出版社に起源があることからして、少年と家族はもはやおしまいだった。

バンベルクでは、拷問によって街にいる他の「魔女」の名を自供させられた——それによって新たな容疑者が生まれ、さらなる拷問と刑死者が出ることになった。だけどバンベルクの魔女狩りに関する話の中で一番有名なのは、たぶん初期近代の魔女狩りの中で、この悲惨なプロセスを通じて魔女術の罪に問われた人が何を考え、感じていたのかを示す一次資料が現存している唯一の事例だということ。

ヨハンネス・ユニウスの妻が魔女術の罪で処刑された一年後、五五歳のバンベルク市長が市議会の一室で魔女のサバトに参加した、と地元の医者に告発された。ラーラ・アップスの『ジェンダーの危機：初期近代ヨーロッパにおける男性の魔女』(*Gender at Stake: Male Witches in Early Modern Europe*)によると、「この告発は、都市社会の最上級層を直接狙ったものであり、都市の政治、権力、名誉にまつわるものと見做されるだろう」。

ユニウスは即刻逮捕され、親指締め器や脚締め器、吊し刑具などで何度も拷問された。最初、彼

は自供を拒み、断固として無実を主張し続けた。裁判記録によると、彼の皮膚の一部に変色した部分があり、そこを突き刺しても出血も苦痛もなかった。それは明らかに悪魔と契約した証拠だとされた。サタンはいつも、こんな方法で自分の手下が苦しみを免れるようにしているのだ。

一週間に及ぶサディスティックな拷問で、ユニウスは吊し刑具によって肩関節が外れ、親指締め具によって爪床は貫通して血塗れとなった。遂に彼は魔女術を行なって神を拒絶したことを認め、魔女仲間として別の高官の名を挙げた。だけどユニウスが娘に宛てた現存する手紙では、彼の偽りの自供の背後に働いていたメカニズムを見て取ることができる。マレフィッツハウスで強制されたユニウスの自供は、彼自身の言葉によれば、「全くの嘘と作り話」だったというのだ。

彼の裁判を記録する他の文書の中に紛れ込んだこの手紙は、何者かの手によって最後の情けとして隠匿された。その中で、ユニウスは胸の張り裂けるような細部を明かしている。それによると、ユニウスに何かを――何でもいいから――自供するように嘆願したのは処刑人だったという。「旦那、お願いしますよ、後生ですから何かを自供してください、本当でも嘘でも構いやしませんから」と処刑人は彼に言った。「作り話でいいんです、これから受ける拷問は耐えられるもんじゃありません……あんたが魔女だと認めるまで、拷問は延々と続くんです」。

ユニウスの手紙は過去数世紀の間、魔女狩りを研究する者にとって極めて貴重な資料だった。アップスが言うように、彼の手紙は「魔女裁判の不正の証拠、罪に問われた人の自供がさまざまな

圧迫、特に拷問によるものであったことの証明、魔女術の罪に問われた人は、特に魔女狩りが猖獗《しょうけつ》を極めていた時期においては必ずしも民間信仰や〈魔術〉を実践していなくとも魔女術の告発を受けて処刑されていたことの証明、「そしてバンベルクでは特にそうだけど」審問官が自供の台本を書き、暴力を加えるという脅迫と実際の暴力によってその台本を読ませていたことを示す証拠」として使われてきた。

　ユニウスの手紙は、無実の罪で拷問を受ける人の精神に関する極めて貴重な洞察を与えてくれる。だけど、こういう証拠が現存している唯一の理由は、ユニウスが教養のある裕福な男で、手紙を隠匿する能力もあったからだということ――それを書く能力は言わずもがな――は強調しておかなくてはならない。彼には尊厳死――剣による断頭――が与えられた後、一六二八年八月六日に火刑台で焼かれた。

　バンベルクのエリートたちが住んでいた街路から、数分も歩くとシェーンラインスプラッツ。今はルイトポルト・フォン・バイエルンの騎馬像のある草深い公園だけれど、昔は「黒十字」の地だった。魔女狩りのたけなわの頃、昼夜ぶっ通しで死体が焼かれていた。完全に灰にしてしまわないと、霊が居残ると信じられていたから。近くを流れるレーグニッツ川は、その煤で黒く染まった。大気には煙と死臭が満ち満ちていた。街の人々はその悪臭に、肺の痛みに文句を言うようになった。魔女狩りに対する人々の支持を失うことを恐れて、ドルンハイムは――別名をヘクセンブレナー

（魔女焼き人）とかヘクセンビショフ（魔女司教）と呼ばれていた――処刑場を近隣のツァイル・アム・マイン郊外に移した。こうしてバンベルクの人々は、ほぼひっきりなしに続いていた大虐殺を簡単には見られなくなった。

三〇年戦争で侵入してきたスウェーデン軍が、最終的に一六三一年、ドルンハイムの魔女狩りを中止させた（フェルナーはその一年前に死んでいた）。この頃までに、およそ千人の人が処刑され、街はずたずたになっていた。だけど街は、決してその暴虐な魔女狩りを忘れはしない。バンベルクは公式のツーリズムオフィスが学術的な魔女狩りツアーを提供している数少ない場所の一つ。あらゆる民族の中で、ドイツ人は誰よりも、歴史を無視することが良いことを何も生まないということを知っている。

私のツアーは終ったけれど、私はバンベルクを歩き続け、風景を眺めた。木骨煉瓦造りの旧市庁舎は絵葉書みたいに完璧に、一四世紀以来、レークニッツ川に架かる橋と釣り合いが取れている。両側のフレスコ画が、炎のようなオレンジと赤で活き活きしている。バロックの装飾が目を焦らして、注目と尊敬、そしてたぶん屈服に値する力強い街の印象を与える。これはマレフィッツハウスの建設を駆り立てたのと同じ起動力だ。それもまた権力の視覚的シンボルとして建っていた。その偉大な罰する力に匹敵するのは、神のみだった。

バンベルクはユネスコの世界遺産で、それはつまり他のことと並んで、この街が建築と美術に傑

出していて、人類の到達点の頂点にいるということだ。人生の「より良いもの」を味わうために人々が訪れる街、人類の最高の才能に対する自己祝福で円熟する場所だ。それは普通は、私たちの致命的な傷を無視する代償に得られる。だけど私は、苦痛とトラウマを記念することもまた、保存状態の良い街とそのプライスレスな芸術作品や建築と同じくらい貴重だと――より歴史的に意義深いとは言わないけれど――主張してきた。この苦痛とトラウマは、ますますバンベルクで目に入るようになっている。街の至る所にある小さな記念碑や、一年中行なわれている公式の魔女狩りツアーで。

ダニエル・P・レイノルズが『アウシュビッツからの絵葉書：ホロコーストの観光と追悼の意味』(*Postcards from Auschwitz: Holocaust Tourism and the Meaning of Remembrance*)で述べているように、苦痛とトラウマの場所を訪ねた観光客には責任が伴う。証人となるということは「知識の伝達の相互主体的かつ公明正大なモード」だと彼は言う。そして「証言の提示は……常に知識探求と窃視症の間の境界線上にある」。

私は、数多くの拷問と死の場所を訪ねて、この探求者と窃視者の間の線上を征くということについて徹底的に考えた。魔女狩りの場所は何百年も前に終った苦しみを表しているけれど――そして、レイノルズが書いているホロコーストにはスケールの点で及びもつかないけれど――私はずっと高慢ちきな態度を採らないように、苦しみに対して無感覚にならないように努めてきた。

今日の魔女たちについて語ることは――特に、魔女術界隈に属していて、歴史上の魔女狩りの側

面について教えている人間だから――ややこしいことになる。それは同時に元型と実在の人間の両方について話すことになる。歴史と神話と政治と大衆文化に一度に言及することになる。ある面ではひねくれたユーモアもあるし、またある面では名状しがたい恐怖もある。いろんな意味を持つ単語である*witch*に本当に向き合うということは、同じ口で神聖と冒瀆を語るということ。社会科学者の経験論から、アクティヴィストの戦略的情熱、そして魔女術の実践へと瞬時に切り替わるということ――しかもその間、どのアイデンティティも完全にほっぽり出してはいけない。

「観光はアイデンティティの安定した形に抵抗する」とレイノルズは言う。「実際、観光のいくつかの形はアイデンティティの深遠な混乱をもたらす」。

魔女狩りはまた、アイデンティティの混乱の時期でもあった。母が、恋人が、兄弟が、隣人が、瞬きする間に究極の悪へと変貌する。無意識の内に、私はこの旅で自分もまた変貌していることに気づいた。苦難と迫害の場所と向き合う内に、私は自己懲罰的な傾向を失った。突然、その不完全な宴を感謝して楽しまないのは馬鹿げていて、勿体ないと感じるようになった。私が長年抱いてきた自己破壊衝動は、夏の雨を晴らす太陽のように、遂に消えた。魔女の場所から場所を巡る内に、私は新しい生き方を、新しいアイデンティティを見つけた。その途上で私は新しいアトリビュートを帯び、自分の一部を手放した。私の耳には、解読不能な予兆と感情が突き刺さった。もう十分、過去には浸った。そろそろ、今を変えなくては。

異教の過去と異教の現在

アイルランド　キルケニー

キットラーズ・インで、黒猫が招いていた。戸口の上の看板の上で、興奮して毛を逆立てている。歓迎すると同時に警告している。中に入り、バーに落ち着くと、バンドが「リング・オヴ・ファイア」を演っていた。目の前のグラスから、ジンの芳香が漂う。ＴＶではサッカー。壁も床もカウンターも石や木が擦切れて、まるで中世のパブ——隅の魔女像は別として。私はストゥールに腰掛け、店内を眺めている。もう二時間以上も。張り込み中の刑事かな？　それとも、単なる孤独な旅人かも。ジンは流れるほどあり、私はその川に飛び込んだ。

活き活きしたアイルランドのアクセントが天井から響いてくる。中には私の足許に落ちて唸ってるのもいる。気怠い夏の午後で、人々はスポーツや恋愛、人生を語っている。退屈しそうになったので、私はお酒を持って地下に降りた。両脚を伸したい。部屋と言うより洞窟だ。タヴァーン・バーはキルケニー大理石の柱で支えられている。その一部は一三二四年にまで遡る。当時、この場所はとある裕福な女性が所有していた——彼女は魔女とも言われているけれど。

もう何杯目だか判らないジンを一気に空ける。陰気な地下の照明の下、もう一杯注文して、何の気なしに柱を撫でてみる。私の指先の下に、何百年もの年月がある。心地よい酔い。催眠作用のある柏槇の香りを身体に取り込む――甘くて木材っぽくて、かりかりする。くらくらする頭でグラスを高く掲げ、このタヴァーンの名前の由来の人に乾杯する。グラスの底を透して、アリス様が見えた。最初、彼女はすっきり爽やかな泡のしゅわしゅわで、からんからんという氷のいちゃつきだった。それから、彼女は柱の顔になった。頬骨は控えめな灰色、腰は石の曲線。私は目を閉じて、開いた。彼女は完全に形を成していた。

他の客たちは全く気にしていない。透き通った沈黙が部屋を包むと、彼らはただの幽霊になった。それから、私たち二人だけになった――彼女の踵の周囲を回っている大きな黒猫を入れれば、三人だけど。アリス・キットラー様の伝説と生涯の物語が、同時に彼女の唇から吐き出された。まるで、調和して響き合い、次の瞬間には不調和を起す二つの旋律みたいに。

フランドル商人の娘アリスは、ほとんど何不自由ない暮らしを愉しんでいた。金貸しとしてカネを支配し、地主として土地を支配していたけれど、自分に対するゴシップだけは支配できなかったわ。そう言いながら彼女は笑った。スカートにまとわり付いて、命でもかかっているみたいにほつれた糸を狩っている猫を見下ろしながら。ごろごろ喉を鳴らす相棒、台所の鼠捕り、無害なペット――だけど、その猫もまた容疑者だった。

アリスには四人の夫がいた。裁判が始まった時には既に三人を埋葬していたけれど、悲しみ方にも差があった。その動機を疑ったアリスの継子たちは、芳しくない案件で彼女を告発し始めた。何故自分たちの父はああも突然死んだのだろう、何故突然急病に罹ったのだろうと訝った。そして何よりも、相続に関する疑問があった——カネだ。彼女の目は涙に濡れていたけれど、彼女が自分の不運を笑っていたのか、歎いていたのかは判らない。

アリスの才能と富、次々に男を替えた事実は、彼女を不利にすることになる。だけど陰口を言い始めたのは継子たちだけじゃなかった。キットラーはキリスト教の信仰を否定し、キルケニーで密かに異教の妖術師たちの集団を率いていた、と告発された。オソリー教区の記録によれば、「オークの火の上で、彼らは悪魔に捧げた雄鶏のはらわたを煮た」。それも「ある種の恐ろしい虫、さまざまな薬草、死者の爪、尻毛、しばしば未受洗で死んだ子供たちの衣服、およびその他の忌まわしき材料と共に、断頭された盗人の頭蓋骨から作った鍋で」。それから、キットラーの魔女団はこれらの「さまざまな粉、軟膏、水薬、脂肪から作った蝋燭を前述の鍋に入れ、さまざまな呪文を唱え、愛や憎悪を起こし、敬虔なキリスト教徒を殺し、その身体に害を為し、あるいはその他の無数の目的に用いた」。

だけどそれだけじゃない。アリスはまた、最初の三人の夫を毒殺した、と告発された。そして辛うじて生きている今の夫にも毒を盛っていると。彼は髪も爪も抜け落ちて、三途の川の手前にいた。

最後に、アリス・キットラーはロビンだかロバートだかいうインクブスとセックスした罪にも問われた。彼は、夫たちのあずかり知らぬやり方でやっていたという。肌の紅潮も背中のしなりも知っていた。他の誰にもできないやり方で彼女の渇きを満たした、と彼らは言った。

時には、彼は猫の姿を採ることもあった。

彼女はこうした敵意を面白がっていたが、裏切られた――だけど驚きはしていない。富は劇薬であり、容易に人を迷わせることを知っていたから。だけど、文字通り彼女のカネを欲しがったのは継子たちだけじゃない。教会の男もいた、と彼女は吐き捨てた。顔が歪んで紅潮している。その男はキットラーの罪と称するものに、不自然なまでに固執していた。

一三一七年、イングランドの司教リチャード・レドレッドが教皇――当時はアヴィニョン――から派遣されてはるばるオソリー教区にやって来た。このいわゆる無法の土地に秩序を樹立するために。当時の大陸のキリスト教徒の多くは、この地の人々は表面的にはキリスト教徒でも、心の底では異教徒だと信じていた。レドレッドは異端の妖術に取り憑かれていて――間違いなく、教皇ヨハネス二二世の考え――それがキルケニーの住民たちの心の中にも迷信を掻き立て始めた。アリスを訴追するために騎士と貴族たちから成る異端審問法廷を開いたのはレドレッドだった。実際、レドレッドはあまりにも執拗にアリスを付け回したので、彼女の親族であるアイルランド大法官ロジャー・アウトロウイの手で逮捕され、一時はキルケニー城に監禁されていたくらいだ。彼はアリ

スの愛する息子ウィリアムの親族だった。

アリス様は話を途中で止めて近くの箒を掴み、タヴァーン・バーの床を掃き始めた。彼女には似つかわしくないけれど、たぶん、幽霊にだって独自の性癖があるのだ。床の古えの塵を掃くと、彼女の赤金色の髪が炎のように踊る。彼女が箒をぐるぐる回すと、その穂先が土臭い交響曲を奏でる。その動きは、全然信用ならない資料に記録されたもう一つの告発に対応している。街の住民が、日没後、呪文を唱えながらこんな風に街路を掃くアリスを見た、という報告があったのだ。「我が子ウィリアムの家へ、キルケニーの街の全ての富よ、急げ」。

アリスと箒は、ハミングしながら石の床を回る。だけど突然止めた。柄を握っているのには目的がある。心を落ち着けて。彼女の舌はゆっくりと唇を舐めている。猫のごろごろという声がどんどん大きくなり、彼女は私に過去を見せた。アリスが見上げると、私は再び物語を——噂を——聞いた。

司教の投獄は長くは続かなかった。万能のカトリック教会様に対して、アイルランドの世俗権力が——アイルランド大法官といえども——ふるうことのできる権利は限定的だったのだ。レドレッドは最終的には釈放され、アリスが灼け死ぬのを見たいという欲望をさらに強めた。彼女はできうる限り逮捕を免れ続けたけれど、このままじゃ楽な死に方はできないと悟り、その莫大な富を使ってアイルランドからイングランドに逃亡した。

アリスは二度と生まれ故郷に戻ることはなかった。だけど今はね、と彼女は囁いた、好きなように行き来できるの。元の地所を歩くこともできるし——気が向けば掃くことだって——今も彼女の名の伝承によって私のような物好きな旅人を引寄せているこの地所に。

訊きたいことは山ほどあったけれど、ヴィジョンはぼやけてきたし、アリスはもう話してくれそうにない。彼女は黙って私を見ている。私はグラスを空けてもう一杯。そして彼女は出て来た時と同じくらい唐突に消えた。部屋はお喋りと音楽に満たされた。地下のバーはどんどん混んで来て、新鮮な空気が必要になった——それと答えも。勘定を払って階段を上がり、外に出る。アリス像を通り過ぎる。手に箒を持って、足許には猫。ドアの傍の隅に立っている。

キットラーズ・インを出て、中世の街路を行く。陽は出ているけれど、弱々しい。左折。「バタースリップ」と呼ばれる横道がある。ブーツの下の黒いキルケニー大理石に、化石が白く輝いている。ハイストリートまで戻って、ペトロネラというレストランを通り過ぎた。店名はペトロニラ・デ・ミディア（デ・ミースとも呼ばれる）に因むもので、彼女がアリスの身代わりとして生きたまま焼かれた場所から数歩の所にある。

女が——それも魔女が——法の網を逃れたことに業を煮やしたレドレッド司教は、アリスが逃亡した後にもどんどん裁判を進めた。いつの間にか網に掛かっていたたくさんの人を逮捕したけど、その一人がペトロニラ・デ・ミディア。アリスのメイドだとされていて、長年にわたって信頼され

ていた模様。レドレッドの指示で、ペトロニラは何度も鞭打ちを受けた。激痛のあまり、彼女は限界点を超えてしまった。

拷問を駆使して、司教はペトロニラ・デ・ミディアの自供を引き出し、彼が聞きたかったキットラーについての情報を得た。ペトロニラは、自らが神を拒絶したこと、アリス・キットラーに教わった悪魔の魔術を実践したこと、さらには悪魔に生贄を捧げ、自ら霊媒役を務めたことまで認めてしまった。それから、キットラーと恋人である悪魔との逢引きの跡を掃除したことを自供した――それでどうなったかは、女神のみぞ知るってところかしら。

話によっては、アリスの家が再び捜索され、当局が彼女のクローゼットを調べたところ、「秘蹟のパンの聖餅、それもイエス・キリストではなく悪魔の名前が捺されたもの、彼女が杖に塗っていた軟膏の樽」が見つかった。「それに乗って彼女は、望む時、望む形で、順路も悪路も、自在の速度で往けた」。

ここに書かれているような軟膏は、魔術的飛行あるいは浮揚に用いられたもので、数世紀後の初期近代の箒に乗った魔女の話に取り入れられる。だけど、そんなものがアリスの家で本当に見つかったのかどうかははっきりしない。だけど飛行用軟膏であるにせよないにせよ、ペトロニラの自供は彼女の命を奪うのに十分だった。彼女は鳴り物入りで生きたまま焼かれ、街中の人が見物に来た。レドレッドが逮捕したその他の人はさまざまな処罰を受けた――それだけ。ペトロニラ・デ・

ミディアはアイルランド史上、異端の罪で処刑された最初の女性になる。それでも、みんなが覚えているのはアリス・キッテラーの名前。

アイルランドの魔女狩りの歴史は、近所のスコットランドやイングランドと比べると、それほど血みどろでもないし、伝説にもなっていない。だから却ってアリス・キッテラー様の件は圧倒的なのだ。エメラルド・アイルでは、魔女は他の場所のような恐怖を惹き起こすことはなかった。

ロナルド・ハットンは論文「ケルト社会における魔女狩り」（Witch Hunting in Celtic Societies）の中で、アイルランド人はどうにか「熱烈な対抗宗教改革カトリシズムを吸収したし、また通常はそれに伴っている悪魔的な魔女術というステレオタイプを輸入することもなかった」と説明している。それでも、キッテラーの例には注目すべき特徴がある。初期近代の魔女狩りの特質を数百年前に先取りしている点だ。

「レドレッドによるキッテラーへの迫害は、そのさまざまな側面において、魔女狂躁の古典的な顕れを提供している」とメーヴ・ブリジッド・キャランは『テンプル騎士団、魔女、ワイルド・アイリッシュ：中世アイルランドにおける復讐と異端』（*The Templars, the Witch, and the Wild Irish: Vengeance*

and Heresy in Medieval Ireland）で断言している。「規範を逸脱した年輩の女性が、キリスト教の儀礼と家父長的順序を意図的に転覆させたとして、神と秩序に対する法外な罪で裁かれているのである」。

だけど、ほとんどの告発された魔女とは違って、アリスは金持ちだった。教育も受けていた。コネもあった。それでも、レドレッドの魔女狩りにはお馴染みの要素が満載されている。特に、可哀相なペトロニラ・デ・ミディアの拷問による自供。キャランによれば「主としてレドレッドが作ったもの」で、それは「邪術と悪魔的妖術、儀式および性愛魔術と背教」を強引に結びつけていた。最終的にオソリー司教、それに異端と暗黒魔術に関する彼の考えが一四世紀フランスの悪魔学に浸透して、アリスの継子たちへの告発を遥かに不吉なものにしてしまうのだ。

キルケニーの中世の魔女狩りの名残を探して、忙しないハイ・ストリートをセント・メアリ教会へ向かう。この一三世紀の十字型教会堂はアリスの時代のコミュニティの中心で、アリスが街から遁走した後、息子のウィリアム・アウトロウイがレドレッド司教に贖罪させられた所。今では、この石造りの建物とたくさんの装飾彫刻はメディヴァル・マイル博物館として保存されていて、その秘蔵の工芸品と彫刻を通じてアイルランドの過去を垣間見ることができる。

私は外の古びた墓を調べた。キルケニー一番のお金持ちの最後の名残だ。それから、博物館の中のガイドさんにKytelerの発音を確認した（それによると、アリス様の名前は——不運にも——「ヒットラー」と同韻だったけど、でも別の地元民は「ケイトラー」っぽい発音をしていた）。堂々たるケルト

十字のセレクションを見て、一瞬凄いタトゥが浮かんだけれど、でもキルケニー城が待っているから、メディヴァル・マイルの終端を見に行くことにした。

一二世紀に建てられたこの城は、緩やかに波打つ明るいエメラルド――アイルランドをふんわり覆うキャッツアイのエレクトリック・グリーン――の草原に建つ複合建築。中世の基礎構造と築城術のたくさんの要素がこの城には残っていて、レドレッドがここに短期間幽閉されていた時の様子が容易に想像できる。キルケニー城を最初に建てたのはアングロ＝ノルマン人だけど、この城は土着のアイルランド人と、イングランドなどから来た入植者／侵略者／植民者との、長く続いたこの街の民族分断を象徴している。

私の最後の目的地は、街の反対側のセント・カニス大聖堂にあるキットラー家の墓。キットラーズ・インから少し行ったところに、昔の「イングリッシュ・タウン」とか「ハイ・タウン」と、「アイリッシュ・タウン」の境界線がある。前者は商人や裕福な植民者が住んでいて、後者は貧しい人たちの地区だった。当時、セント・カニス大聖堂は後者の宗教的中心だった。

セント・カニスにあるラウンドタワーは千年以上前のもので、今でも天辺まで登れる数少ない塔の一つ。大聖堂自体は一二〇二年のもので、内部は黒い大理石の石板がある。アリスの父親のジョセフ・キットラーのもので、シンプルなフランドル十字が彫られている。キットラー石板は一九世紀に、アリスの家（今のキットラーズ・イン）の近くで発見されてここに持ち込まれた。ジョセ

フ・キットラーからそう遠くないところに、彼の娘の最大の敵、リチャード・レドレッド司教も眠っている。彼は四〇年以上もオソリーに仕えた後で死んだ。

レドレッドの墓には石彫りの像が着いていて、伝統的な法衣とサンダル姿の司教が描かれている――フランチェスコ会の司祭だった質素な出自を表したものだ。だけどその道程にも関わらず、レドレッドが全能なるカネの虜だったことを示す証拠がある。

メーヴ・ブリジッド・キャランは、イングランド王とアイルランド卿エドワード三世が教皇インノケンティウス六世に送った手紙を引用している。それを見ると、オソリー司教は酷い言われよう。何しろ「本来の托鉢の心を忘れがちなレドレッドは、被告人からカネを強奪するために異端の罪をでっち上げている」と言うのだ。さらにキャランによれば、この申し立ては「出獄後すぐにウィリアム・アウトロウイが司教に支払った一〇〇〇ポンドによって証明され、また恐らくウィリアムの母親を迫害した際の情熱を説明している。彼女は異常なまでに裕福な女性であった」。

貪欲は実際、多くの初期近代の魔女狩りの動機だった。というのも、教会や国家、それに／あるいは有力者はしばしば被告人の財産を強奪する動機と能力があったから。またしても、アリス・キットラーの事例は、スコットランドやイングランド、大陸ヨーロッパで後に起る魔女狩りの予兆となっている。

教会の古びた装飾品の数々を眺めていて、私はとある柱から私を見つめている顔に気づいた。疑

いを確かめるために近づいていく。いいえ、アリスじゃない。グリーンマンだ。その大理石の口は、葉の茂る枝で一杯になっている。この植物神は八〇〇年前のアイルランド土着の霊性の中心だったから、このキリスト教の教会の建物にも採り入れられたのだ。今でもグリーンマンは、アイルランドやその他のさまざまな現代のペイガニズムや魔女術の中心にいる。フィレンツェのサン・ミニアート・アル・モンテ教会の黄道十二宮を思い起こさずにはいられない。それと、過去二千年の間、キリスト教に取り込まれたり拒絶されたりして来た異教の自然崇拝を。

ホテルに戻る途上、活気ある夏の黄昏時のハイストリートでは、パブというパブの開けっ放しのドアから音楽がはち切れてくる。私はジャケットをぎゅっと引き絞った。身を守るかのように。キルケニー城の近くの橋を渡ると、城壁がノア川に映っている。その地上の栄光が水面で逆転している。ちょっと手の届かないところにある、美しいけれど、歪んだヴァージョンの現実。それは魔女術を実践する私たちの多くが理解しようとする、異教の過去に似ている。

「月の近親者：アイルランドの異教徒の魔女術、魔術、ケルトの黄昏」（*The Nearest Kin of the Moon: Irish Pagan Witchcraft, Magic(k) and the Celtic Twilight*）という論文でジェニー・バトラーは、現代アイルランドの魔女や異教徒に対するアイルランドの魔女独自の人物像の魅力について述べている。例えば *bean feasa* と呼ばれる「狡猾な女」、その男版である「妖精医」などだ。

「異教の魔女と伝統的な治療師、特定の類型の儀礼の間の数多くの繋がりに、過去の再解釈と再

想像が含まれていることに留意すべきである」とバトラー。アイルランドやその他の現代魔女術がそうであるように、実践者が自分の作業の基盤を過ぎ去りし時代に置こうとする時、しばしばフレキシブルな歴史理解が登場する。「現在と過去の霊性の間に想像上の繋がりが作られる時、史実性は二の次になり、〈魔術的〉繋がりを明らかにすることを優先するあまり、コンテクストの優先度は時に下げられる」とバトラー。さらに彼女によれば、これらの繋がりが「真」か「偽」はしばしば、探求すべきパズルの中では一番どうでも良いピースだ、とも述べている。

生き延びた異教の魔女術儀礼はキリスト教以前の時代から変っていない、というものすごくロマンティックな考えは、歴史的には立証できない。でも魔女カルトに関する証拠がないからって、あなた自身の実践の中に、あなた自身の祖先との間に、過去と現在の間の魔術的対話が成り立たないということにはならないのだ。

黒い水の輝きに映る城の鏡像を見つめながら、私はセント・カニス大聖堂のグリーンマンの顔を思い浮かべた。時間によって和らげられはするけれど、あれは以前に来たものがあらゆる困難を乗り越えて持続することを思い起こさせてくれる。グリーンマンの口から生える葉は、心を奪うような自然の力を主張している。信仰がどうあれ、私たち全員が最終的には従わなければならない力を。

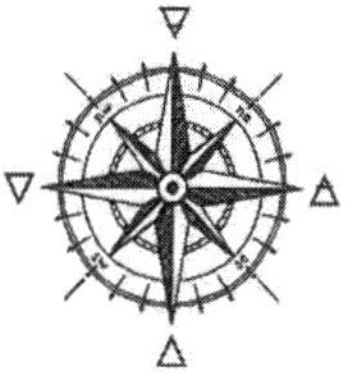

種蒔き、変性意識状態

イングランド　ロンドン

オカルトはロンドンの風景と切り離せない。古い華麗な建物、教会、モニュメントには、古代の神話や秘密結社との目に見える繋がりがある。建物の壁、それに爪や尿や人毛等を入れた容器に刻まれた、悪意ある魔術を祓うためのシンボル――「魔女の印」と「魔女の瓶」――は、今もなお修繕の度に出土する。秘教的な偶像破壊者は今なお、この街の至る所にある銘板や、たくさんのウォーキング・ツアーで思い起こされる。ハロッズには、偽物のヒエログリフまである。

合衆国では禁欲的なまでに異教的なものを避けるけれど、それを思えばヒースローで降りて地下鉄に乗り、そのまま真っ直ぐオカルトの中心地へ向かうのは一服の清涼剤。何しろ半径一マイル以内にひしめいているのだ、その地下室で現代ウィッカが花開いたアトランティス書店に、魔女の概念を形成した古代の工芸品の安息の場である大英博物館に、秘教とフェミニズムが書架を埋め尽すトレッドウェルズ・ブックスに、あのフォーダーズ・トラヴェルから「ロンドン随一の神秘的魔術的ホテル」とのお墨付きを得たザ・マンドレイクが。もう宿泊はここで決まり。

ザ・マンドレイクの名の由来は、*Mandragora officinarum*。大昔から知られている、数々の医学的・魔術的効能を秘めた植物。伝説によれば、マンドレイクの根は――その不気味な、人間に似た形のために――地面から引き抜くと叫び声を上げ、抜いた者を殺すという。魔女術では、この風変わりな多年草は「結果を得るために植物の実際の霊を直接召喚するべき場所を示す強力な指標である」とコリンヌ・ボイヤーは『悪魔の植物』（*Plants of the Devil*）で述べている。「それは、歴史上の魔術的用法が現代まで生き延びた極めて少数の植物のひとつである」。

ザ・マンドレイクの入口の上では、金色の短刀みたいなとげとげの葉っぱが、鋭い一つ目から扇状に広がっている。床にいる猫たちの影絵を過ぎると、神聖幾何学の頭蓋骨の天井画。ロビーの照明は仄暗く、装飾は動物をモチーフにした豪奢なもの。ドアはインテリアを儀式と祝祭のための隠された小部屋に溶け込ませる。五感のための異教のお祭り。

私の部屋に着くと、バーガンディ色の虎縞のカーテンに切り取られた外のテラスでジャスミンとパッションフラワーのパノラマがお出迎え。普通のホテルのアメニティに紛れて、ザ・マンドレイク流「スピリチュアルな満足のためのコンシェルジュ・サーヴィス」のメニューを発見。宿泊客に混淆的で魔女魔女しい体験の数々を提供している。このホテルのモットーは「享楽主義とスピリチュアリティが手を携えて、インスパイアし、じりじりそそり、そして癒す」。思わず注目。

その夜、私はザ・マンドレイクのプログラムの一つに申し込んだ。何があるのかよく判らないま

ま、私はホテルの地下のクラブ兼祭場みたいなところに、ニューヨーク・シティの全身黒づくめの制服で乗り込んだ。開幕式の前に、参加者の何人かが、今日のワークショップの主催者の過去のイベントで経験した、人生を変えるような体験をシェアした。霊的なディレッタンティズムや剽窃の領域に落ち込むことをずっと警戒してきた私にとって、その夜の展開は嬉しい驚きだった。

進行役は先ず、魔女の新年祭としてのサムハイン祭についてのディスカッションから始めた。それはまた古い皮を脱ぎ捨てて死者を讃える時でもある。それから二時間のセッションは、呼吸法、瞑想、南瓜が高く積まれた祭壇の前での祖先崇拝などの要素が組み合わされていた。私は一〇人以上の見知らぬ人に囲まれて暗闇の中に座っていた。揃って息を吸い、吐く。周りから深い吸気と呼気の耳障りな音がする。あるものは苦しげな排便のよう。あるものは幸せそう。

ガイドは自分自身の中に深く入り込みましょう、と導く。先祖に感謝し、血統から得られる導きに集中するように言う。次に、祖先に与えられるものは何ですか、と問いかける。私たちの中にある、彼らのどの部分を慈しみますか、どの部分を破壊しますか？ 目は閉じているけど、瞼の裏を紫の線が流れている。一つのフレーズ、断片が私の心に滑り込む。

あなたが運んでいるものは、あなた自身のものではないのかも。
あなたが運んでいるものは、あなた自身のものではないのかも。

あなたが運んでいるものは、あなた自身のものではないのかも。

血統がゆっくりと、溶岩のように地下を流れているのを想像した。それは大陸を焼き、世紀を越えて煮えたぎり、別れ、分岐し、あらゆる方向へと向かう。私の血統の多くは完全に外国のもので、どんなに頑張っても計り知れない命だ——けど、親しくないものの中にも、親しみはあり得る。仰向けに寝て、呼吸を続ける。祖先を想う。私をこの身体へ、この街へ、この仕事へと導いてくれた人たちを。期待に満ちて、知らない者を待っている。心はぐるぐる回っている。手足には電気が流れている。呼気は浄化、吸気は慰め。チャンネルは開かれ、波が私を洗ったことを知っている。

ガイドが私の思考に立入り、優しく私たちを現在へと導いた。身体が揺り動かされ、日常へと戻る。私はまた、ホテルの地下の、知らない人ばかりの部屋にいた。声をかけられたら、体験を分かち合ってくださいと言われた。私は言葉に窮した。ここまでの私の旅は導入でもあり、帰還でもあった。だけど分かち合う前に、行くべき所がたくさんあった。

もう既にまんまと知覚の扉を開かされてしまった。ザ・マンドレイクはその評判に違わない。旅という行為自体が変性意識状態で、私はこの旅を長引かせたいと願っている。このホテルの名前の元となった植物の魔術を想う。植物の伝承に没入したい。肥沃な大地を歩き、魔女の遺産の基礎である植物相と対面したい。この街で最古の植物園、チェルシー薬草園がまさにぴったり。

一六七三年——魔女狩りがあの良き夜に穏やかでないやり方で入り込んでくるより何十年も前——薬剤師名誉協会によって設立されたチェルシー薬草園は、薬剤師が弟子に植物の治癒力と毒について教えるために創られた。テムズ川沿いの、元チェルシー村にひっそりとあるこの庭園は、小気候に恵まれてきた。ロンドンの他の場所よりも気温が高く、土壌も豊かなのだ。三五〇年ほど前に植物栽培に適していると判断されて以来、この場所には世界中の品種が植えられてきた。

この場所を取り巻く高い煉瓦の壁の小さなアーチを潜るのは、ちょっとした神殿に入るみたい。有毒の植物には、触れてはいけないという小さな札。命を助けてくれる薬草を示す札もある。また、衣服や家具の材料になるという札も——それと、特に美しさに優れるものも。チェルシー薬草園の中には一種の崇敬の感覚がある。この緑の大聖堂では、お香は酸素の豊富な空気。尖塔は緑の天蓋。ステンドグラスは花びらのコラージュ、聖職者の序列は植物学者、鳥、昆虫たち。何世紀にもわたり、植物の生命に畏敬を込めて仕えてきた。

この庭園は、学びのためのセンターという伝統を継続している。有用植物、食用植物、薬用植物の花壇を眺めていると、好奇心旺盛な小学生の集団が蛇行していく。園内では声は自動的に低くな

る。私以外のみんなも、ここを聖なる場所だと感じているかのよう。花壇から人懐こいオレンジの猫が出て来て、毛むくじゃらの身体を私の足に擦りつけ、藪の中に戻っていった。周りは、茎の間の標識に咲いた情報の山。世界中の隅々から集められた種のための区画がある。気がつけば今はアジア、今は中東、南北アメリカにいたりする。だけど、魔女が自らを知らしめたのは、ブリテン諸島。

「ブリテン諸島の植物相には僅か一六〇〇種しか含まれないが、その四分の一近くが薬草として使われたとされる」と説明書きにある。この諸島がキリスト教の教会の支配下に入る前、植物の知識を持っていたのはドルイドとローマ人だったとも。だけど、植物の知識を引き継いだのは教会だけじゃない。他にも民間の治療師たちがいて、魔術と治療のための植物の処方をよく知っていたから、コミュニティには欠かせない存在だった――ほとんどの地方で。「一五世紀から一七世紀には、民間療法が地下に駆逐され、多くの女性治療師が魔女として迫害された」と説明書きは続ける。

ブリテン諸島では、しばしば「カニング・フォーク」と呼ばれた民間治療師は、明瞭な魔術＝医療階層の一部だった。「カニング・フォークは常に……医療、魔術、占術のさまざまな側面に向けられた名もなき術を扱っていた」とナイジェル・ペニックは『イングランド農村部の魔女術と秘密結社』（*Witchcraft & Secret Societies of Rural England*）で述べている。彼らは悪魔祓いや死者とのコンタクト、病気の家畜や家族の治療なんかであなたを助けてくれる。愛する人を夢に見せてくれることも。

「カニング・フォークの能力は多義的である」とペニックは続ける。「生活と治療に役立つが、また不法な個人的利得や危害にも使うことができる。術師は、仕事をした相手から賞賛と恐怖の両方を引き出す」。

最近の発見は、カニング・フォークの手法に新しい光を当てた。護符や呪文や祈りに関する一七世紀ロンドンのとあるカニング・マンの本が大衆の手に入るようになったのだ。『アーサー・ゴーントレットのグリモワール』（*The Grimoire of Arthur Gauntlet*）がそれ。でもこれはただ一人の男の知識だけじゃなくて、彼が出逢った他の術者――男も女も――の魔術と医療のスキルセットからも採られている。一六一四年から一六三六までの間に制作されたこのグリモワールは、私がこの庭園で出逢ったさまざまな植物を使う魔術や治療法が挙げられている。カノコソウ、リンゴ、ヒヨス、ケシ。「林檎にReguell Lucifer Sathanusと記してこれに命ずべし、我汝に記したるこれら三つの名により汝林檎に命ず、汝を食す者は何ぴとたりとも我に対する恋心に身を灼かん、我が欲望の満る時まで」。ゴーントレットのグリモワールはそう指導する。彼はまた、よくある病気のための薬草の処方、天使とコンタクトするための呪文、祈禱や実用的目的のためのお香のレシピなども提供している。

さらに歩き続ける。花壇の中に隠れている魔女を発見。名札には*Stachys officinalis*とある（オオイヌゴマとかカッコウチョロギとか呼ばれるもの）。曰く、「肝臓および男性の身体を流行病の危険から、

および魔女術から守る」。この知識は、植物学者で薬草学者で医師、さらに占星術師のニコラス・カルペパーによるもの。一六五三年に『カルペパーハーブ事典』(*The Complete Herbal*)を書いた。カルペパーの著書はカニング・フォークに広く利用され、魔女術に関する言及も多い。彼が魔女を撃退するのに良いとしている他の植物には、モチノキの枝やヤドリギの枝。これらを首の周囲にぶら下げる(ゴーントレットのグリモワでは、ザクロを持ち歩けば魔女術を撃退できるという)。

カニング・フォークは魔女の元型と密接に結びついているけれど、魔女狩り期の民間治療師に対する迫害については——薬草園の看板が何を言おうと——今も論争が続いている。「初期近代の多くの神学者や知識人にとって、カニング・フォークは魔女と同様、あるいはそれ以上の悪であると考えられていた」とオーウェン・デイヴィーズとリーザ・タリスは『カニング・フォーク:基本書目』(*Cunning Folk: An Introductory Bibliography*)で述べている。「しかしながら、概して一般人はカニング・フォークを魔女や不運と闘う上での重要な仲間と見做していたので、その生業を理由に彼らを迫害するということはほとんど無かった」。何ごとにも例外はある。後で見るように、カニング・フォークが魔女術に関するパンフレットや裁判記録の中で魔女と見做されたこともある。それにまた、イングランドの立法者たちが民間治療師を良く思っていなかったのも知っているし、「一五四二年に最初のいわゆる〈魔女術法〉を制定させたのは、同世紀の内に定義されるようになる魔女よりも、窃盗魔術や性愛魔術、宝探しなどを行なっていた者たちに対する懸念であった」

とデイヴィーズは『カニング・フォーク：イギリスの歴史における民衆魔術』(*Cunning-Folk: Popular Magic in English History*) で述べている。ジェイムズ一世の一六〇四年の〈魔女術法〉でも、カニング・フォークと魔女の両方を対象としている。

民間治療師、カニング・ウーマン、ワイズ・ウーマンはイングランドの魔女狩りを駆り立てたものではなかったかもしれないけれど、イングランドの魔術史では特別の場所を占めている。実際、イングランドの最初の商業的観光地は、ヨークシャー州ナレスボロにあるマザー・シプトンの洞窟で、一六三〇年に観光地化されている。「マザー」というのはワイズウーマンに与えられた良くある称号で、マザー・シプトンは本名アーシュラ・サウシェイル、一四八八年頃にニッド川の近くの洞窟で生まれた。最高に悪名高い女予言者で──「イングランドのノストラダムス」の異名を取り──ブリテン諸島全域で名声を博した。

彼女の伝記や言葉の多くは捏造で、実在の人物かどうかも判らないけれど、「ヨークシャーの魔女」が一般人に真実の爆弾を落す一方で処方箋を提供していたことは事実らしい。マザー・シプトンは二行連句でイングランド内戦、ロンドン大火、それにたぶんインターネットを予言していたと言われている。「世界中を思考が飛び行かん／瞬きの間に」

ザ・マンドレイクに戻る前に、マンドラゴラが生えているところで立ち止まった。休耕中なので見るべきものはなかったけれど、『ジェラルード本草書』(*Gerard's Herball*) にある一五九七年の

Mandragora officinarum の挿画が直ぐ傍に示されている。この植物の根は二つに分れ、今にも歩き出しそうに見えた。伝承に語られるとおり、自らの意志を持つ生物だ。

「幻視者の茄子」と呼ばれるこの植物には特別な力がある、とダニエル・A・シュルケは『毒薬：魔術、魔女術、毒の小径』（*Veneficium: Magic, Witchcraft and the Poison Path*）の中で明かしている。マンドレイクやヒヨス、ベラドンナ、ソーンアップルなどの植物には「古くから魔術に用いられてきた歴史があり、シャーマン的用法に於ける悪魔的ヴィジョンを特徴とする」。それは霊的な支えにもなるし、致命的な使い方もできる。魔女術の実践そのものと同じ。

「悪魔の武器庫には、特定の中毒性植物が含まれている。その多くはナス科のものだ」とコリンヌ・ボイヤーは説く。「これらの〈魔女のハーブ〉の三重の性質は、癒す、害する、魔術的＝幻視的体験を惹き起こすという効能にある。全ての結果は、摂取量にかかっている」。

悪魔の領域から歓呼されていると言われるマンドレイク、ヒヨス、ベラドンナ、ソーンアップルは、現存する魔女の飛行用軟膏に関する文書でも頻繁に言及される。それはセクシュアリティと霊性、幻覚剤が出逢う、強力な伝承のブレンド。このような魔術と性の繋がりは、霊性と快楽主義を一つに結合するという私のホテルのエートスについて考えていた時、より理解できるようになった。マンドレイクはしばしば、「豊穣多産、性的活力、性的対象者の獲得」を求める魔術に用いられた、とシュルケは言う（そしてそのことは、その根がほんのちょっと人間の生殖器に似ていることとも関係

がありそう）。

薬草園を出て、私たちの生命の維持と苦難に大いに関係している植物相について考えた。今では一般大衆は植物を畏敬の念を持って見たりはしない。植物は収奪するための素材で、使うためのものだ。でも、ロンドン最古の庭園を歩けば、あなたはすがすがしい気分になる。チェルシー薬草園は訪問者に、植物の生命の力に対する健全なリスペクトを授ける（「作物泥棒は増殖する」と園内の看板）。

コンクリートとクルマの騒音の世界に戻るのは、エデンの楽園を去るようなものだ。だけど私には見るべきものがあった。エヴァのように、私は大いなる苦しみと密接に繋がるとある樹に魅了された。庭園の境界を超えて、好奇心を満足させなくちゃ。

一二世紀から一八世紀までの間、タイバーンは公開処刑の場だった。有罪となったたくさんの魔女たちが吊された絞首台の痕跡はロンドンにはほとんど残っていないけれど、ハイドパークの北東の隅、マーブルアーチの近くにあるコンクリートの三角地帯は別だ。噴水が噴き出し、周囲の三本の道をクルマがぴゅんぴゅん飛ばしていく。薬草園から歩いて来た私がそこに突っ立って見つめて

いる、控えめな標識に注意を払う人なんて誰もいない。丸い小さな銘板が、タイバーン絞首台の位置を示している。曰く、「タイバーン・トゥリー跡地」。

ロンドンの魔女狩りは、ランカシャーや東アングリアを引き裂いたものほど有名ではないけれど、その苛酷さは間違いなく同じ。とてもたくさんの女と男にとって、この世からあの世へ向かう門はタイバーンだった。この死の樹の話を聞いた人は誰でも、それを畏敬する健全な感覚を持つ。*Mandragora officinarum* とその有毒のきょうだいたちについて知った人と同様に。母なる自然はいつだって創造と破壊の賢明な方法を持っている。だけど人間は憶えが速かった。

六〇〇年にわたり、タイバーン・トゥリーは五万人から六万人の人が身の毛のよだつような最期を迎えるのを見つめてきた。ここにあった絞首台は三本の木材で、元来は近くのタイバーン・ブルックのニレの樹だった。常に建設と再建を続けたこの処刑台は、同時に二四人の人間を吊すことができた。

マシュー・ボーモントの『夜を歩く：ロンドンの夜の歴史』(*Nightwalking: A Nocturnal History of London*) によれば、翌日に処刑を控えた真夜中、「首吊り祭」が開催され、セント・セパルカー・ウィザウト・ニューゲイト教会の鐘突き男が、処刑される男女に歌を歌う。「死刑囚監房にいるお前ら全員、埋められる／覚悟せよ、明日、お前らは死ぬ……」。信じられないけど、五万人から一〇万人の人が処刑を見に詰めかけた。見物人は集団でやって来て、押し合いへし合い、梯子に乗

るわ、肘で他人を押しのけて良い席を取るわ。野次馬たちが見にくる犯罪者はいろいろだけど、魔女の絞首刑は間違いなく、ぞっとするような、特有の魅力があった。

一五八五年、マーガレット・ハケット、六〇歳の魔女は魔女術で男を殺したとしてタイバーンで吊られた。

一五九九年、アン・カーク、極貧の未亡人は、魔女術によって子供たちを呪い殺したとしてタイバーンで吊られた。

一六二一年、エリザベス・ソーイヤー、犬の使い魔を持っていると自供した無愛想な女は、魔女術を行なったとしてタイバーンで吊られた。

一六五二年、ジョーン・ピーターソン、地元の治療師は、魔女術を行なったとしてタイバーンで吊られた。

タイバーンで死んだ数千人の、あるいはヨーロッパの魔女狩りで殺された人々の、どの一人の死を取っても、推測することはできない――言うなら、どんな大量虐殺も。でも、だからと言ってこれらの人々の記憶を活かし続けようとすることに意味がないわけじゃない。

「思い起こすことは倫理的行動である……記憶は、遣る瀬ないが、われわれが死者との間に持つことのできる唯一の関係なのだ」。スーザン・ソンタグは『他者の苦痛へのまなざし』で述べている。「だが歴史は、集合的な歴史の遙かに長いスパンにおいて、記憶の価値について矛盾する信号

を送っている」。

西洋の家父長制は長い間、誰を記憶し、誰を忘れるべきかを決定してきた。だけどその束縛は弱まりつつある。歴史は発見され書き換えられる。魔女狩りに関して言えば、過去は決して変えられないものではない。過去一〇年の間に、魔女狩りの記憶はランカスターで、コルチェスターで、キンロスで、オークニーで、ファイフで、その他の場所で提出され、明らかにされた。コミュニティは死後恩赦を嘆願している。歴史家は神話を排し、長く失われていた物語を共有するために記録を掘り返している。連合王国の至る所で、記憶は表面化し、かつて沈黙を強いられた声が聞えるようになっている。

モールキン・タワーの幽霊

連合王国　ランカシャー

ペンドルの魔女の故郷を訪ねて北へ向かえば向かうほど、ロンドンの湿っぽい冷え込みはますます鋭くなり、風は私の薄いレザージャケットを厳寒の針で貫いた。ノッティンガムに立ち寄り、魔女術展を見る。一七世紀の魔女の瓶が展示されていた。イングランドのどこの街や村の家の軒や壁にあるものと何も変らない。悪い魔術から守ってくれるお守りだ。目的地に向かう前に、ちょっと寄り道して、ロビン・フッドの神話で知られる本物のシャーウッドの森を見に行った。

じめじめした森のハイキングは、私の息の霧の中、ひとりぼっちだ。お目当ては〈メジャー・オーク〉。樹齢八〇〇年の樹で、幹の空洞はものを隠すのに——それに、魔法の存在が隠れるのに——持って来い。私はその神聖な樹皮に顔を押しつけたくてたまらなかった——イタリアで魔女のオークにしたように——んだけど、その樹はもう何十年も前から養生のために周囲が封鎖されている。一一月の豪雨越しに、その節くれ立った曲線を見つめていた。それから、けもの道をとって返す。昔、その襞の中に財宝を隠したロビン・フッドとその手下たちを想いながら。中世の物語の中

には実際にロビンをグリーンマンだったとしているものもある。植物の繁殖サイクルを体現する神だ。異教の伝承が浸透していないイングランドの伝説なんてほとんど無い。

再び列車に乗って、変容を続けるトポグラフィを見る。平坦な野原が小高くなり、小さな家の塊の間の牧草地に羊が姿を現し始める。何時間も旅して、ようやくメインイベントの待つアクリントンに到着。ペンドルの魔女をテーマにした幽霊狩りだ。怒れる合理主義者からごりごりのビリーバーに転じた私にとっては、もう何でも来い。その夜は、当時のコスチュームを着た一人の女性と共に始まった。歯を黒く染め、ぼろを着て、幽霊と魔女と歴史の週末のための舞台を用意した。それからテーブル・ティッピング、ウィジャ盤のセッション、七〇〇年前の邸宅での霊の召喚。この家は幽霊に取り憑かれているという噂で、古いものだから、各部屋がぎいぎい軋んだり、呻き声を立てたりする。それがまた、ぞっとするような音で——でも、二四時間いつでもルーム・サーヴィスで石焼きピッツァをオーダーできる。幽霊はそれを見て何を思うんだろ。

いつの間にか真夜中で、私たちはペンドル・ヒルにいた。透き通った空に満月に近い月。凍えそう。二ダースの人が輪になって立っている。この荒れ果てた風景の中にまだいるのかもしれない、ペンドル魔女裁判の霊もしくはエネルギーと繋がろうとしている。唯一の光は遙か彼方。全員、ケータイと懐中電灯を消している。各人の中に、度合いの差はあれ懐疑が走る。だけど好奇心は依然として私たちを導く北極星だ。

かつて、とあるカニング・フォークの一族が住んでいたモールキン・タワーの残骸が、私たちの脚の下にある。一六〇〇年代、家母長エリザベス・サウザーンズとその家族が辛うじて生活していた粗末な石灰岩の家はもうない。だけどその土台石は今も土の中にあって、あなたの靴の底を捉え、用心しないと身体のバランスを崩す。

パーティの何人かがウィジャ盤を持出していて、質問を始めた。プランシェットに手を乗せて、誰か、もしくは何かに対して聞えますかと訊ねる。突然風が吹き付け、私はその場で数分間、脚の感覚を保つために足踏みした。何人かが見守る中、その人たちは小さな矢の形のプラスティック片に軽く指を置いている。そして唐突にそれはＹｅｓの上に動いた。

暗闇の中では、そこにいないものを見るのは容易い。フードと帽子が、輪になっている人の頭や顔を判らなくしている。みんなちょっと嫌な予感がしているようだ。知覚がぼやける。誰かが訊ねた、コンタクトしてきたこの霊は、魔女術の罪に問われたモールキン・タワーの誰かですか？

ポインタは左に動いた。

またもやＹｅｓ。

心地よい幽霊狩りの代わりに、この儀式は一六一二年の聖金曜日にここで行なわれたと執政官ロジャー・ノウェルが断じた邪悪な集会めいたものになってきた。人々は闇の中で非現実的なオベリスクになった。顔は判然としない。丘の藪は背後から吹き付ける風に震えている。数分ごとに、新

しい影が、あるはずのないところにあらわれる。グループのリーダーは素速く対処し、コンタクトしてきた霊は「本物の魔女ですか？」と訊ねた。

Ｙｅｓ。

ひんやりする夜の空気が濃くなり、私の舌の上でくすぶった。足の下の石灰岩が、頭上高くそびえる高い煙突へと変容した。周囲の人々の姿が消え、幻影のような壁になった。私は咳き込み、ぴりぴりする雲を顔から払いのけた。目が暗闇に慣れてきた。鍋が火に掛かっている。誰かが壁にどさりともたれる。第二の視覚が、老いた女性を顕示した。その背骨は三日月のよう。顔は無く、ただ煙のような桛糸《かせいと》がほつれて、節くれ立った指が瞑想に耽るようにバーガンディの蕾を茎から千切り、積み上げている。

ワレモコウ、と彼女は伝えた。どうやってかは判らないが、話したわけではない。発疹、腫れ物、止らない経血に効くよ。ペンドルの森で、たくさん育つ。妊娠している女なら誰にだって売る。血みどろの出産を生き延びられるように。

地面にはもう一つ、小さな白い花のブーケ。花びらは繊細で愛らしく、小さな顔はあらゆる方向を向いている。アイブライト。名前の通りさ、と彼女は言う、相変わらず言葉でなく。見ることと見えないことに関する全てを治してくれる。

その隣にはもっと緑の、小さな茎が、葉っぱから上に突き出している。枝分かれした蛇の舌みた

いに、引っこ抜いてくださいと言わんばかりに。ハナヤスリ。肌を冷やして、人間の舌の不要な動きを抑える――噂話とかね、と彼女は告げる。

彼女は花と葉と茎とを分けている。部屋の中央の鍋から湯気が上がる。そして祈りの文句を唱え始める。

聖金曜日には断食をする、できるうちは
弔鐘が鳴るまでは
我らが主の鐘が。
主の御手には何がある？
少しの光。

言葉は胸の空洞の中を反響するけれど、この狭い部屋は静まり返っている。依然として顔はなくて、煙と黒があるだけ。それから、いくつかの顔のない形が顕れる。高齢と貧困で擦切れて――若い者ですらそう。老婆の身体は詠唱と共に揺れる。使い込まれた言葉が彼女の心から洩れる。最後の修道院長が吊される前の時代から。心臓がどきどきする。

もう一つの御手には何がある？
天の扉の鍵。
開け、開け、天の扉を、鍵よ、
閉ざせ、閉ざせ、地獄の扉を。

神を讃えながら、彼女は自分たちのやり方を教えてくれる。時には処方箋を作り、薬を売り、動物を癒す。別の時には物乞いをする。森の中で、一間の家で、娘と娘の子供たちと分かち合う。それ以外のものもいる。黒犬、兎、猫。孤立しているけれど孤独じゃない。だけど近くに、彼女が病気になったり悪化したりするのを願う者がいる。

青い十字架、もう一つは赤。

祈りは続く。

聖なる涙の場所で

どんな呪文も、最後にどうなるのか予言はしない。髪と歯の粘土像は、沈黙の地の奥深く、彼女が引きずり込まれた土牢《ダンジョン》となる。

汝眠れるや、汝起きたるや、ガブリエル？
否、主よ、私は鞭と柱に囲まれて

そこで祈りは止った。

部屋を見回すと、壁は草で、天井は空だった。老婆の姿はなく、大地とハーブと煮えた骨の匂いもない。みんなはまだウィジャ盤に訊ねている。魔女はどこへ行ったの？　みんなそれを知りたがっている。
それから、近くにいる霊の性別を訊ねている。どんな領域にいても、そういうことが本当に大切だと言わんばかりに。でもあまりにも寒すぎて、私にはどうでも良いこと。早々に丘を降りて、バスに向かう。もう一度、目の前の岩と草の黒い曲線を見上げた。ここに魔女はいない――少なくとも、もう。

一六〇〇年代初頭、ランカシャーは化外の土地で、奇人変人が徘徊していると考えられていた——「迷信と魔女術、ローマ・カトリックが跋扈する暗い一角」とフィリップ・C・アーモンドは『ランカシャーの魔女たち：ペンドル・ヒルにおける妖術と死の年代記』（*The Lancashire Witches: A Chronicle of Sorcery and Death on Pendle Hill*）で述べている。今では、この起伏する丘はどう見ても化外には見えない。静かな波のような光景を断ち切っているのは古い石造りの牧草地の壁、それに何世紀も変らない、草を食む羊、そこここに建つ禁欲的な小屋。

幽霊狩りの合間に、私は一人バスに乗って、ペンドルの田舎を見て回った。有名な地元のツアーガイドであるサイモン・エントウィッスルが乗っていて、ランカシャーの昔のお楽しみを語り、過ぎゆく窓外の景色を指しては、自分の話を裏付けていた。前方、ペンドル・ヒルは茶色いパンの不吉な塊、遠くにうずくまっている。

合衆国にとってのセイラム魔女裁判が、イングランドにとってのペンドル魔女裁判だ。それが起った一六一二年、一つの巡回裁判で、これほど多くの魔女が一度に裁かれた例はない。この話がこんなにも広まった理由の一つは、その異様な詳細が逐一、書記官トーマス・ポッツによって記録され、一六一三年に出版されたからだ。『ランカスター州における魔女の驚異の発見』。

多くの魔女裁判がそうであるように、ペンドルの物語もまた、貧困と権力、宗教と対立の話だ。事件は、コミュニティ同士の衝突の結果として起ったもので、国王ジェイムズ一世の歓心を買おうとした法執行官らがこれを煽った。彼は他に類を見ないほど魔女術に取り憑かれた君主で、自ら悪魔学の本を書いたほどだ。

一つの事件がペンドル魔女裁判に火をつけた。だけどトラブルはそのずっと前から、二つの極貧の母系家族の間で醸造されていた。エリザベス・サウザーンズ（デムダイク）とアン・ホイットル（シャトックス）——どちらもカニング・ウーマン。前者はペンドル・ヒルの森のワンルームの掘立小屋に家族と共に住んでいた。これがモールキン・タワー（この当時、malkinとは「身持ちの悪い」とか「蓮っ葉」とかいう意味だった）。後者はデムダイク一族のすぐ近くの、貧しい小作地に住んでいた。両家とも、物乞いや片手間仕事、それに民間魔術で生計を立てていた。

一六一二年三月、デムダイクの孫娘アリゾン・デヴァイスが、通りすがりの行商人ジョン・ロウに、ピンをくださいと物乞いした。彼が断ると、彼女はそのけちくささを呪い、その直後、彼は身体が動かなくなって地面に倒れた。ロウによれば、デヴァイスの要求を断ると、不気味な犬が現れ、目の前が真っ暗になったのだという。アリゾンによればそれは以前に会ったことのある使い魔が犬の姿で現れたものだという。それはアリゾンに、ロウを足萎えにしてやろうか、と言った。彼女は答えた。「やっちゃってよ」。

動物の群れ、立ち並ぶ石造りの家、それに霧深い緑の拡がりを通り過ぎた。空飛ぶ魔女の描かれた道路標識が現れ始め、バスはとうとうペンドル・ヘリテイジ・センターに駐まった。この歴史的な建物の中では、過去千年間のこの辺りの文化に関する展示が行なわれている。明らかに、キリスト教は七世紀か八世紀になるまでランカシャーには根を下ろしていなかった。ここから、ソウレイ修道院を中心にカトリック・コミュニティが築かれていくことになる。この修道院は昔はペンドル・ヒルの近くにあったのだけれど、一六世紀に国教会の要請で移転を余儀なくされた。この異教とカトリックとプロテスタントの絡んだ霊的風景の変化は、ペンドルの魔女の物語とは切っても切り離せない。

アリゾンとの口論の後、ジョン・ロウは近くのエールハウスで昏倒した。噂を聞きつけた彼の息子エイブラハムはアリゾンを見つけ出し、病気の父の許へ連れて行った。もう話すことも、歩くことも、見ることもほとんどできない状態である。再びアリゾンと相見えたジョン・ロウは、呪いを掛けられたとして彼女を告発した。彼女は、許しを乞うよりも先にロウを呪ったことを認めてしまった。キリスト教信者の鑑であったロウは彼女を許したけれど、息子は怒り狂い、当局に突き出すことにした。こうして、執政官ロジャー・ノウェルは、裁判のためにアリゾンに尋問を始めた。

バンベルクのマレフィッツハウスでは、自供を引き出すために容疑者たちは口で言えないような身体的虐待を受けたけれど、あんな野蛮な尋問とは違って、イングランドのコモンローでは拷問に

は特別の許可が必要で、普通は魔女裁判では使われなかった。けれども、ノウェルのような人はまさに自分が聞きたいことを上手く白状させる口車の乗せ方を知っていたかも。それに、アリゾンが語ったことは彼の好奇心を刺激した。彼女はカニング・ウーマンの家系というだけではなくて、動物の使い魔まで持っていると言うのだ。

動物の使い魔はイングランドの魔女術特有の特徴で、初めて記録に登場するのが一五六六年のチェルムズフォード魔女裁判（本件の中心にいたのは悪戯なまだら猫のセイタン）。ヨーロッパの悪魔や魔女は時々動物の姿をとると信じられていたけれど、使い魔が動物というのはイングランドだけだ。

「使い魔は下位の悪魔的な霊で、猫などの動物の姿をとり、邪悪な魔術の遂行において魔女を補佐すると信じられていた」とブライアン・P・レヴァックは『魔女術資料集』（*The Witchcraft Sourcebook*）で述べている。「使い魔は数世紀前の祭儀魔術の実践から派生したと思われる」とレヴァックは続ける。当時「学識深い魔術師たちは、小鬼《インプ》を瓶や指輪に閉込め、魔術の実行を命令することができると主張していた」。

ノウェルはアリゾンが自供の中で連座を示した家族の尋問も開始した。すると全員が自分専用の動物の使い魔を持っていると自供した。アリゾンの祖母デムダイクにはティブという使い魔がいて、それは黒猫、茶犬、少年、兎の姿で現れるという。彼女がノウェルに告げたところによれば、この

使い魔は昔、彼女に忍び寄って腕から血を吸った。眠っていた彼女は、それを制止できなかったというのだ。デムダイクの娘でアリゾンの母親のエリザベス・デヴァイスもまた使い魔を持っていると自供した。茶色の犬の姿をしていて、名前はボール。エリザベスの息子のジェイムズにも使い魔がいて、それは茶色の――あるいは黒の――犬、名前はダンディ。そして最後にアリゾンだけど、トーマス・ポッツが報告したように、犬みたいだけど犬じゃない何かと出逢っていた。そいつは彼女の魂が欲しいと言って、それを胸から吸わせるなら、お礼に「何でもできる力をあげる」と言った。

女妖術師と手下の動物との関係は実際に強力なものだけれど、無条件ではない。「魔女は使い魔に代価を支払う」とアーモンドは確言している。悪魔の覚えをめでたくする代わりに、彼らはパンやミルク、獣肉、魔女自身の血を要求する。「かくして、ヨーロッパの悪魔の印はイングランドでは魔女の印となった――定数外の乳首もしくは乳頭のことで、イングランドの魔女はそこから使い魔に給餌した」とアーモンドは説明する。大陸の性的契約が、大英帝国では悪魔との血の繋がりになったというわけ。「ヨーロッパの魔女は悪魔の愛人であるが、イングランドの魔女は悪魔の母なのだ」と彼は言う。「あるいは恐らく、むしろ、イングランドのコンテクストにおいては、性と母性と悪魔は複雑に一体化している」。

既に見たように、こと魔女裁判の自供となると、家族の絆は必ずしも絶対不可侵なものではない

――特にペンドルでは。アリゾンは自分と使い魔の犬との最初の出逢いを画策したのは祖母だと非難し、デムダイクはこれまでにも雌牛と子供を呪い殺したことがあると述べた。アリゾンの弟も、祖母は邪悪な魔女だと後に証言する。最後に、アリゾンの妹のジェネット。彼女は母親のエリザベスが、聖金曜日のモールキン・タワーの集会で、正道を外れた行為に耽ったと告発したのだ。

私の旅はコーン、バロウフォード、ニューチャーチ、ラフリーと続いた。ランチはペンドル・インでフィッシュ&チップスと地産野菜（レストランの看板には、高く飛ぶ魔女）。それからウィッチズ・ガロアでお買い物。ありとあらゆる魔女魔女しい商品が揃った店。それからクリザーロー城へ。〈ランカシャー魔女散歩〉の一番札所。二〇一二年、裁判四〇〇周年を記念して、五一マイルの散歩道に一〇個の白い標識が設置された。それぞれに、ブリテンの元桂冠詩人キャロル・アン・ダフィがペンドルの魔女を詠んだ詩の連がフィーチャーされている。

ロジャー・ノウェルとトーマス・ポッツにとっては、デヴァイス家はそりゃもう徹頭徹尾邪悪だったんだけれど、街にいる魔女は彼らだけではなかった。デムダイクの尋問中、彼女はライヴァルであるカニング・ウーマン、シャトックスとその娘アン・レッドファーンもまた悪行に精を出していると確言した。デムダイクは、シャトックスと娘が三人の地元民を害する目的で三つの「粘土像」、つまり偶像魔術の人形を作っているのを見たと証言した（ジェイムズ・デヴァイスもまた同様に、シャトックスは死者の歯と骨で人形を作った、それはニューチャーチのセント・マリー教会の墓地か

ら盗んできたと証言した)。魔術について尋問を受けたシャトックスは、使い魔がいることを自供したけれど、ずいぶん昔に自分を「魔女術という、悪魔的な忌まわしき仕事に就くように唆した」のはデムダイクだったと言った。

このペンドルの哀れな女たちが話せば話すほど、お互いの有罪を証明する証拠が明らかになっていった。彼ら全員が、コミュニティ内の誰かを害するために魔女術を用いていたようだった。

女たちの間での魔女術の告発は、イングランドでもどこでも全く良くあることで、だから一部の学者はそれを、魔女狩りの原動力がセクシズムではないことを示すものとして挙げている。だけど、現代のジェンダー理論家の見解によれば、システムとしての家父長制は男性のミソジニー、それと内在化された女性のミソジニーによって規定され具体化されたものだ。このセクシズム体制の中では、女性は生存のために他の女性と戦うよう社会化される。

「魔女狩りは女性狩りだったのか?」(Was Witch-Hunting Woman Hunting?)という論文で、クリスティナ・ラーナーは家父長制は事実、魔女狩りにおける重要な要素であったと論じる。「局地的レベルにおいて、魔女術の使用は〈女性コミュニティ〉の日常の活動の部分と見做しうるが——決定的に——より広い家父長制的なジェンダーに基づく魔女観念、および女性の御しがたさと統制の必要性に関するエリートの観念に基づいている」とラーナーは言う。つまり、女性同士の間での魔女術の告発は「男性の体制と繫がりを持ち、それを補強——もしくは、再構築するために作用して

いた」と。

ペンドルでは、女性は実際の、それに想像上の罪で他の女性を意地悪く告発したけれど、忘れてはならないのは、魔女狩りのあらゆるレベルの迫害と訴追を遂行していたのは男たちだったということ——初期近代のあらゆる魔女狩りの事例でそうだったように。執政官ロジャー・ノウェルみたいな男は、互いに罵り合うデムダイクやデヴァイス、シャトックスら、貧窮した教養の無い女たちを利用して利益を得る準備ができていた。

最終的に、ペンドル事件を急転直下させたのは幼いジェネット・デヴァイスの自供だった。ポッツの話によれば九歳くらいの女の子だったジェネットは、聖金曜日のモールキン・タワーでの集会の件を知ったノウェルの尋問を受けることとなった。何しろそれを主宰したのはジェネットの母親のエリザベスだったから。ジェネットの姉のアリゾンはこの時既に投獄済みで、ジェネットは母親が友人や隣人たちを——ほとんどが女性——招待したと証言した。牛肉とベーコン、それにマトンが供されたその宴は、アリゾンの使い魔に「霊の洗礼名《クリスニング》を付ける」ためのものだったという。

これが実際にはどういう意味なのかは今も論争の的だ。と言うのも、使い魔に名前を付けるのはイングランドの魔女裁判の記録には一般的ではないから。だけどジェイムズ・デヴァイスは、この悪魔的命名が計画されていたことを認め——さらにはモールキン・タワーに集まった人々はまた、ランカスター城を爆破して囚人を救出することまで考えていた、と付け加えた。当時はカトリック

の確信犯ガイ・フォークスが、ジェイムズ王を暗殺するために〈火薬陰謀事件〉を目論んでから僅か数年後のことで、だからそういう脅迫は――どれほどあり得ない話でも――軽々しく扱われるものではなかった。当局がモールキン・タワーを捜査すると、人間の歯が突き刺さった粘土の人形が地面の下に埋められていた。これまたデヴァイスの家が汚れた魔女術による呪殺の場であったことのさらなる証拠となった。

この時点で、シャトックスとデヴァイスの一族は投獄されていたから、重要証人はジェネット・デヴァイスだった。彼女は法廷ではノウェルから丁重な扱いを受け、モールキン・タワーの集会にいた人々を名指ししていった。さらに追い打ちをかけるように、ジェネットは母親から二つの祈りを教わったことを明らかにした。いずれも一見、カトリックの祈禱書から引いてきたものだ。一つはエールを得るためのもの、もう一つは呪われた人を癒すもの。プロテスタントの法廷は、このカトリックと魔女術の混淆に慄え上がった――自分自身の子供に不利な証言をされたエリザベス・デヴァイス同様に。

グリスティン・グーディアが『一六一二年：ランカシャーの魔女裁判』（*1612: The Lancashire Witch Trials*）で説明しているように、カトリックの反乱は既に一五三七年に北部イングランドで溢れ返っていて、それを終らせたのは最後のランカシャー修道院長の公開処刑だった。「聖公会は同修道院の破壊によって開いた穴を埋めることができなかった。もしも一六一二年の証言が信ずるに足るも

のであるなら、人々が人生の意味を満たすことのできる古き良きカトリックの儀式と教えを、彼らの記憶に頼るよう人々に委ねた」。大陸ヨーロッパのカトリックにとっては、悪魔と魔女は自分の信仰に対する呪詛だったけれど、聖公会にとっては、カトリシズムと魔女術との繋がりは火を見るよりも明らかだった。

カトリックの秘密の儀式を辿って、ランカシャーのもう一つのホットスポットへ。サムルズベリー・ホール。一六一二年、ここはペンドルのそれと同時期の、もう一つの魔女術スキャンダルの舞台となった。手入れの行き届いた地面を歩く。赤みがかったオレンジ、イエロー、クリムゾンの葉が、黒と白の木骨煉瓦の邸宅の周囲の樹から舞い降りてくる。向こうの方では囲いの中の動物たち、養蜂家たちが忙しなく動き、紅茶を入れた巨大なキャロットケーキが供される。

一三二五年に建てられたサムルズベリーは、ステンドグラスに鉄細工、紋章の周囲に赤と金と青のモティーフが描かれたはぜる暖炉のある素晴らしい中世のホールがご自慢。このホールに関係する魔女術事件には、一四歳の少女が登場する。カトリックの司祭に言われて、三人の年上の女性を告発した。大陸の悪魔学からそのまま出て来たような、人肉喰や子供殺しをしている魔女団に所属しているというのだ。当時、サムルズベリーはカトリックの避難所で、建物には今も、暖炉の奥に隠された小部屋があって、司祭たちは小煩い聖公会当局の目を逃れて過していた。

ペンドルの魔女とは違って、サムルズベリーの魔女は汚名を晴らされ、彼女らに対する告発は嘘

だったことが判った。だけどカトリシズム臭い魔女術とカニング・ウーマンの術の組み合わせは、デムダイク（獄死）やエリザベス・デヴァイス、アリゾン・デヴァイス、ジェイムズ・デヴァイス、シャトックス、アン・レッドファーン、それから、ジェネット・デヴァイスにモールキン・タワーの宴に出ていたと指を指された多くの人に死をもたらした（この中にはアリス・ナッターも含まれていた。彼女はカニング・ウーマンでもなく、デヴァイスのような人と交際する動機も無かった。今では昔住んでいたラフリーの自宅近くに、記念像が立っている）。

ランカシャーでの最後の時間は、ペンドルの魔女が最後を過した場所、ランカスター城で。この場で、千年近い歴史が繰り広げられてきた。堂々たる石造りの城は、今でも街を見下している。この城の、じめじめした日の射さない地下牢で、八〇代のデムダイクは死んだ。残りの魔女たちは絞首刑。観光客は今は地下へは降りられないけれど、地下牢への入口は今も、錆びた門を通して見える。それと、ペンドルの魔女たちが最後の論争を戦わせ、熱心なロジャー・ノウェルにそそのかされたジェネット・デヴァイスが家族の運命を決定した法廷は見学することができる。

ペンドルでは、民衆魔術の実践と人間同士の軋轢が入り混じっていたことは明らかだ。多くの無辜の人たちが、パンデモニウムに籠絡されてしまったことも。だけど、デヴァイス家の人と使い魔の動物との関係は本当はどうだったんだろう？　彼女たちのようなカニング・フォークは、本当に

隣人たちを呪ったり、殺したりしていたの？　確かに判っていることは、裁判がどのように終ったのか。一六一二年八月二〇日、告発された魔女たちは全員、ランカスター城から少し離れたところで絞首刑となった。コミュニティは彼女らを覚えている。今も彼女たちの記憶を求めてランカシャーを訪れる人たちもまた。この痛ましい結末を一番良く表現しているのは、デュフィの「ランカシャーの魔女」の詩の荒寥たる最後の行。

……城、陪審、判事から離れ、
大群衆、荒縄、短い落下、墓も無く、
歎くのは未来の旅人だけ。

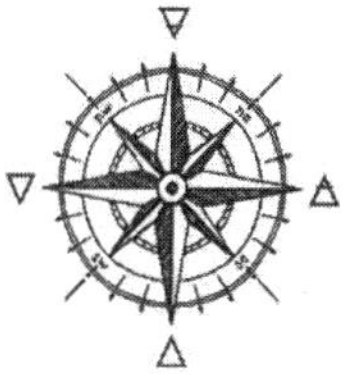

ジェイムズ王の情熱

スコットランド　エディンバラ

その襟は、私が持っているやつに似ていた。クラブ・ナイトやオフィスでの仕事に着ていったようなやつ――ティーンエイジの頃、自分のタフネスを知らしめることに拘っていて。震える葉っぱみたいな女の子ではいたくなくて。部屋の端からそれを見た私は、記憶の洪水に押されてガラスの中に奉られた遺物に近づいた。Oリングの付いた分厚い帯が喉から胸まで伸びている。小さな三角形の先端が、上と下の縁を取り巻いている。威嚇的なまでの幅と重量で、着る者に否応なく目を惹くようなエレガントなポーズを採らせる。顎を上げて、背筋を伸して、背骨は正しい位置に。控えめに言っても、個性を強調するステイトメント・ピース。

けど私のとは違って、これは革製じゃない。鉄製だ。長年の間、使われていなかったために錆び付いてしまったその襟は、墓地の泥のような色をしている。地下の黒いチョコレート。その鋭い縁は、ファッションや楽しいお遊び用じゃないし、夜のお出かけにも適さない――ま、選ばないわ。それを無理矢理着せられた少女や女性は、コケティッシュでもない。もはや目に輝きは無くなって、

完璧なポーズの唸り声の背後に、もはや微笑みが待ち構えているということもない。自分の首にどんな風に巻くのかさえ決められない。鉄の歯は正しく固定される。それを装着する荒々しい手は、彼女が生きてそれが外されるところを見ることができるのかどうかにはとんと興味が無い。

「魔女の襟」。スコットランド国立博物館のラベルにはそう書かれている。これは私のクローゼットにあるやつみたいな大胆な装身具じゃなくて、スコットランドの魔女狩りの牢獄の遺物だ。台座の上に吊られたそれは、博物館の殺風景な白い部屋の妖術コーナーでも、一番話題になる逸品だ。自分の視力を呪いながら、私はそれを遠くから欲しがっている自分を責めた。その襟は――ファイフの村の近くの街レイディバンクから――国家権力の後援を受けた暴力の恐ろしい物語を語っている。

「これは本当に酷いと思います」と襟のすぐ横のテキスト。若い――そして当然憤っている――この博物館の若手幹部候補のメンバーの言葉だ。「これは魔女術の容疑を受けた人（通常は女性）から、自分は魔女であるという自供を引き出すための手段なのです。このぎざぎざの歯によって彼女の首が血塗れになっているところが容易に想像できます。時には、容疑を受けた女性全員が、意識を失い、意味不明の自供をすることとなったのです！」。

展示されているのはこの襟だけではない。手枷に鎖、一つではなく二種類の親指締め具、「魔女の馬勒」と呼ばれる鉄の猿ぐつわ。魔女の馬勒というのは蝶番のある鉄の口輪で、頭に被せる鉄の

部品が付いている。これを魔女の口に挿入すると、全く声が出せなくなる。この絡繰りはまた「がみがみ女の馬勒」とも呼ばれていて、歯に衣着せぬ老婆や噂話に耽る女性に対して使われた。口をつぐまないと、文字通りこいつに黙らせられることになる。

これを見て、これはスコットランドの魔女狩りが特に酷い代物だったことの証拠だと痛感させられた。けれど、魔女という観念が何も無いところから突然湧いて出たってわけでもあるまいし。じゃあ、魔女たちがスコットランドの敵になったのは正確にはいつのことで——それは何故？

「一五五〇年以前の数世紀、人々は既に魔女を信じていた。良からぬ呪いを掛ける邪悪な老婆は、標準的な民話のキャラクターであった」とジュリアン・グッデアは『文脈のなかのスコットランドの魔女狩り』（*The Scottish Witch Hunt in Context*）で説いている。「しかしながら、中世の人々がこのような観念に取り憑かれていたようには見えない。そして彼らは、それに基づいた行動も採らなかった。魔女狩りのようなものは存在しなかったのである。だが、宗教改革および近代国家の成長と共にそれは行なわれるようになった」。

ヨーロッパの至る所でそうだったように、スコットランドの法律、政治、宗教は、変わりゆく社会に固有の葛藤や衝突の原因として魔女に目を付け始めて、国王、一般人、プロテスタントの聖職者がこれらの罪人を名指しした。そしてその八五％は女性だった。

ブライアン・P・レヴァックが『初期近代スコットランドの魔女狩り』（*Witch Hunting in Early*

Modern Scotland）で述べているように、「一七世紀のスコットランドの女性は、イングランド女性に比して魔女術で処刑される率は一二倍に及んだ」。また、暴力の犠牲になることも多かった。スコットランドとイングランドの法律はどちらも拷問には認可が必要だったけれど、スコットランド当局はその拷問法の強制において遙かにゆるゆるだった。

展示ケースに戻ろう。これらスコットランドの魔女たちの首謀者とされる存在は、その力を大いに楽しんでいたという。私が長い時間をかけて見学した拷問道具の上にいたのは悪魔。角を生やし、爪を立てて、熱狂する女たちの集団に説教している。一五九一年のパンフレット「スコットランド便り」（*Newes from Scotland*）の木版画では、荒海が船を翻弄している。その横で、四人の悪魔的な人物が、邪悪な何かを料理している。何やら不吉なことが行なわれている。

エディンバラでは、天気は気まぐれ。嵐や雨が、一瞬で日照りになる。暖かい風に草は波打つ。と思ったら、身の締まるような風に震える。

いつだって、たった一日で四季の全てを体験できる危険がある。天気はいつでも、あなたが何かの——あるいは、誰かの——気まぐれのなすがままだってことを思い起こさせてくれる。

一五九〇年、天候は魔女による攻撃を受けた。海は大釜となり、荒れに荒れた。星は一つまた一つと消えていった。何よりも大切な国王の旅もこの謎の悪天候に悩まされた。国王ジェイムズ六世が新妻アン女王を伴ってデンマークからスコットランドへ帰国する時、波が船の両側を叩き始めたのだ。その原因は魔女術としか考えられなかった。

国王夫妻の悲惨な旅の直後、コペンハーゲンの少数の裏切り女が、アン女王の旅を妨害したことを自供した（北欧では、魔女は嵐を起すことができると一般に信じられている）。この邪悪な魔術の罪で魔女たちはクロンボー城で焼かれたけれど、ジェイムズの恐怖はそれでは収まらなかった。まるで疫病のように、恐怖は北海を越えて、エディンバラの人々を襲った。

王は悪魔が自分の国を破滅させようとしているという考えに取り憑かれた。そして彼と妻が遭遇した天気の乱れを惹き起こしたもう一つの魔女団があるに違いないと信じ始めた――彼とアン女王の不運を願っているのはデンマークの魔女だけではなく、スコットランドの魔女もそうだというのだ。さらに彼は、彼女らがノース・ベリックの砂浜――直線距離にしてエディンバラの北東二〇マイル――で真夜中に踊っていた、悪魔が彼の統治を破壊するための儀式に参加していた、という話を耳にした。

これらの魔女たちがその悪事を実行に移したセント・アンドリューズ・オールド・カークの遺跡はまだそこにあるけれど、まあ辛うじてという感じ。一二世紀に遡る中世の元巡礼地で、現存して

いるのは少しの崩れた石壁だけ。残りは遙か昔に、飢えた海に呑み込まれた。

今ではレストランやショップ、アミューズメントが、ウォーターフロントに散らばっている（スコットランド海鳥センターのツノメドリは特に見物）。だけど一六世紀末、この冷え冷えとした岬で、ゲイリス・ダンカンとアグネス・サンプソンは自分たちを含む魔女たちが悪魔のサバトを開いた、と自供した。

ゲイリスは、またジェリー・ダンカンとも呼ばれているけれど、市参事会員デイヴィッド・シートンの女中で、まだ十代だった。「スコットランド便り」によると、「この上なく奇蹟的な多くのこと」ができたけれど、その治療能力は胡散臭くて、「異常かつ不法な手段」によるものだという。国王の歓心を買うために、シートンと息子はダンカンを拷問に掛けた。悪魔の印を探すために体毛を剃り落した後、親指締め具を使って爪床の肉を潰し、それ以外にもさまざまな酷い拷問に掛けたので、彼女は疲労困憊して自供した。ダンカンは自分が魔女だし、他にも仲間がいると確言した。例えば校長、二人の裕福なエディンバラの知名人、それに地元の産婆アグネス・サンプソン。

すぐにジェイムズは話に乗ってきた。あれからも彼の統治に対する脅威が頻繁に起っていて、ことは一刻を争っていたのだ。国王ともあろう者は普通は、こういうことに自ら関わるということはしない。実際、初期近代の魔女狩りで、こんなことは他の国では全く見られなかった。だけどジェイムズは、こと魔女にかけては普通の王ではなかった。

王は、アグネス・サンプソンをホーリールードハウスに連行して尋問することを命じた。彼が尋問したのは彼女だけではないけれど、彼女とのやり取りが一番よく知られている。最初、ジェイムズの旅を呪ったことについて訊ねられると、アグネスは全ての関与を否定した。だけどそれも、独房に監禁され、口に突っ込まれた魔女の馬勒で壁に固定されるまでの話。彼女は睡眠を奪われ、首にロープを巻かれた。想像を絶する拷問が何時間も続いた後、髪を剃られ、あの明白な印を探して全身が調べられた。

結果、検査官はアグネスの生殖器に何らかの印を見つけ出し、彼女は速やかに自供した。あのノース・ベリックを含む一一回に及ぶ魔女集会について話したのだ。サンプソンは彼女と他の魔女たちが踊ったり呑んだりした黒ミサの様子を詳細に語った。何年も携わっていた治療と助産についても。死んだ猫の身体に人間の身体の一部をくっつけ、それをリースの海に投げ込んで嵐を起し、ジェイムズを殺そうとしたと。

この決定的な情報の洪水にも関わらず、王は彼女を信じなかった。そこでアグネスはよく聞いてくださいと国王に促した。彼女は、王と妻が婚礼の夜に交した言葉を知っていると明かした。それはかなり当たっていた。そんな訳で、ジェイムズの猜疑心は和らいだ。サンプソンは千里眼の能力を持つ、と王は信じた。彼女は死刑判決を受け、絞首刑となり、その遺体は城の隣で焼かれた。既にゲイリス・ダンカンも、そして次の世紀には何百人という人々が、同じ運命を辿る。

かつてジェイムズ王が、魔女への執着に取り憑かれて猛り狂った城のすぐ外に、私が喜んで引き籠もっていた威厳ある石造りの建物がある。〈古い牧師館《オールド・レクトリー》〉の中で、私はシャンパンと、私の存在によって聖職者のスイート・ルームを倒錯させられるという予感に舞い上がっていた。まるでつい今しがた、聖公会の主教が夕方の散歩のために部屋を出ました、と言わんばかりの風情。太陽が地平線の下に沈んだので、私は中に滑り込んで錠を下ろし、彼にとっては最悪の悪夢の詰まったスーツケースを開けた。魔女のお手製のうっとりするような魔術儀式用オイル、銀を彫った「シー・デヴィル」の指輪、仲良しの同性愛のカップリングを描いたタロット・カード、逆十字の刻まれたレザー・ヒール。私は突然、エピスコパル・スクール時代に逆戻りしてカトリック寄りの私と夕食を採っていた、ああ、ここでただひたすら騒ぎを起したい。だけど、この子供っぽい反逆を喜んでくれる人は周りに誰もいない。仕方ないな、まあ今日のところは、冒瀆的な自撮りを何枚か撮るくらいで勘弁しといたるわ。

一五九五年に商人トーマス・ロージアンのために建てられたこの家もまたキャッスルヒルのすぐ近くだ。何百人もの魔女が焼かれた場所。この頑健な建物も、国王の心を魔界が占拠していた恐怖

の時代には、エディンバラの風景の一部となった。ロージアンが入居した直後、ジェイムズ王は悪意に満ちた大作『悪魔学』（*Daemonologie*）を上梓した。これはキャッスルヒルの火と、ブリテン諸島における悪魔的魔女術信仰をさらに煽ることになる。

今では皮肉にも〈ザ・ウィッチャリー〉と呼ばれるレストラン兼ホテルになっているけれど、かつてのロージアンの家は今も、オリジナル・デザインの感触を残している。例えば彼のイニシャルと金言「おお主よ、御身が内に我が信仰の全てあり」が入口の上の古い石に彫られている。判りやすい追加は木製の看板で、干草用三叉に巻き付く蛇、燃えるトーチ、逆さまの樹、角のある悪魔の顔なんかが描かれている。建物の外の照明はクリムゾンで、屋根の方に傾いでいる。夜になると、それは血のような縞を壁と空に落とし、この地点のすぐそばで大量の血が流されたことを思い起こさせる。

〈ザ・ウィッチャリー〉で夜を過すには、幾つかのセレクト・ルームしかない（女優のダニー・ミノーグはそれを「完璧な欲望の隠れ家」と呼んだ）。石の螺旋階段から別れるこれらの部屋の名前は、その混淆的な装飾に因んでいる――〈兵器庫《アーマリ》〉〈聖具室《ヴェストリ》〉〈センピル〉――その全てが、魅力的なゲテモノ趣味と、時代をテーマとしたエレガントさの間をふらふらしている。

私の部屋である〈古い牧師館《オールド・レクトリー》〉の中にあるものは全部、過去からむしり取ってきたものだ。赤と金と深い信仰。代々受け継がれた富で溢れ返っている。大文字Gのゴシック。隅には嫌でも目を惹

く騎士のフル装備。棚に凭れる革装の本が開いて、秘密のクローゼットになっている。十戒の一節が壁に記されていて、本当の意味でキリスト教の検閲に通る者は極々少数に過ぎないことを思い起こさせてくれる（白状するわ、もう部屋ごと全部欲しい）。

キャンドルが灯された〈ザ・ウィッチャリー〉のレストランでのおいしいディナー。まあそこでにじり寄る恋人も無しに一人で食事してたのは私だけだったんだけどさ、それはともかく、〈古い牧師館《オールド・レクトリー》〉に戻って入浴。赤と金のライオンの壁紙がバスルームを覆っている。ラグジュアリーなバスタブの近くの肖像画の中に永遠に閉込められた、赤い制服の男が容赦無い視線を浴びせる。私は満足して湯に浸かる。家から持って来た魔法のオイルと、フィレンツェのサン・ミニアートで買って来たハイビスカス・シードのオイルを入れて。前者はヴードゥーの司祭が作った。後者は修道僧が。私のお湯は諸神混淆的だわ、何はともあれ。

オークのベッドはアンティークの説教壇から作られたもので、この部屋の目玉。真夜中、羽毛布団の下で、全裸《スカイクラッド》で横たわる。一六世紀か一七世紀に生まれていたら、どんな人生だったんだろう。私の個人的なアトリビュートの多くが、狩りのターゲットになったはず。庶民だけじゃなく、裕福な人も学識深い人も、有力者までが時代の流れのなかでやられた。じゃあ何故私がそうならないと言える？　分厚い石の壁越しに、外から聞えるのは私の叫びだったはず。私の身体はキャッスルヒルで焼かれていた、赤いヴェルヴェットと金の房に包まれるんじゃなく。お茶とクッキー完備のトレ

イと赤いリボンで巻かれた白いリンネルのナプキンがベッドサイドにあったりもしない。だけどこんな恐ろしい空想をあれこれこねくり返してみても、結局は無益。もしも現在のリアルな魔女狩りを無視して、過去の魔女狩りにフォーカスし過ぎるなら、自分を危険に陥し入れるだけ。

この豪奢なだけど煽動的な建物の中にいることに関する葛藤的な思考を調停しようと試みた。目を閉じて座る。意識の流れに、チャンスを得られなかった人を讃える詠唱を提供する。見知らぬ人々の想像を絶する死を祈念するための正しい言葉を見出そうと、手探りで探す。彼女らの苦しみが、この場所に魅力をもたらしたのだ。今の観光客が死と美食に対する欲求に耽ることのできる魅力を。そう考えると、この場所のスリルも消えてしまった。喜びは喉に詰まった。

その夜の眠りは途切れがちだったけれど、〈ザ・ウィッチャリー〉での最後の時間を楽しめる時間に目を覚した（この贅沢な環境を感謝の心で楽しまないと、この近くで恐ろしい殺され方をした人々に対する侮辱になると決めていたのだ）。その朝、質素な〈魔女の井戸〉――ホテルから数歩の所にある――に敬意を払おうと考えていた。エディンバラで魔女術の罪で処刑された人々を偲ぶものだ。だけど王国には別の計画があって、だから私は〈ザ・ウィッチャリー〉のレストランに幽閉されたまま、フル・イングリッシュ・ブレックファストを堪能することにした。ウェイターと私とで窓の外の眼下の空間を眺める。ジャストのタイミングで、〈オナーズ・オヴ・スコットランド〉を見ることができた。

必要以上に大きなガラス窓の付いた古式床しい馬車に載せられた、赤と金の毛皮の添えられた王冠は、ジェイムズ王の頭に載っていたものと同じものだ。それが今、ロイヤル・マイルを下って国会の特別議会を目指している。女王様がお待ちなのだ。窓の横で、巨大な悪魔の胸像が私を見てにやにやしている。行列を見ようと必死にのばした私とウェイターの首の動きは、何世紀も前の処刑の時のそれと似ていなくもない――王冠が通り過ぎた後で初めて、ウェイターが気づいた事実だけれど。ロージアンの家はまさにかぶりつきだっただろう。絞首刑の後に、群衆が歓呼する中、遺体を焼かれた罪人たちを見るための。

海岸に人がいなくなって、ようやく私は井戸を訪ねた。その辺りには何十人もの観光客がいたけれど、ロイヤル・マイルのこの一角に興味を持っていたのは私だけらしい。城の入口の直ぐそばなのに。何枚か写真を撮ってから、説明書きを読んだ。ブロンズのレリーフの中で、一匹の蛇が二人の女の（二人の魔女の）頭とジギタリスの小枝の間を這っている。まだ花のない、元気な緑の草が、かつて水の流れていたところから伸びている。元々一八九四年に博愛主義者のサー・パトリック・ゲッデズの依頼で、〈キャッスルヒル・リザーヴァー〉の西側に置くために芸術家のジョン・ダンカンがこの記念碑を作った。神話と魔女狩りの歴史の両方を題材としている。説明書きは次の通り

――

この噴水は、ＲＳＡのジョン・ダンカンによって設計された。多くの魔女が火刑台で焼かれた場所の近くである。邪悪な顔と穏やかな顔は、ある者はその並々ならぬ知識を邪悪な目的のために使い、また他の者は誤解を受けはしたが、善のために使うことを望んでいたことを表している。蛇は悪と叡智の両方の意味を持つ。ジギタリスの小枝は、多くの日常的なものの二重の目的を強調している。

私は、記念碑を制作した者たちの魔女および魔女術に対する姿勢に面喰らった。彼らにとっては、ここで死んだ女と男は全員、呪術師だったのだ——ただある者は悪で、ある者は善だったと。これは政治的な迫害ではなく、単なる時代遅れの黒魔術対白魔術の二分法に過ぎなかったのだ——ちょっと時間と場所を間違えただけの。

辺りを見回すと、観光客たちがそぞろ歩いている。自分を取り巻く魔女狩りの歴史など眼中にないかのように。私は井戸を去り、エディンバラ探索のためにキャッスルヒルを目指した。その日私は、旅の目的を訊ねた多くのフレンドリーな地元民に、〈魔女の井戸〉を訪ねることだと答えていた。全員、産まれた時からこの街に住んでいる。だけどそんなものの存在を、誰一人として知りはしなかった。

アグネス・サンプソン、ゲイリス・ダンカン、そして両者の「関係者」たちが自供した犯罪の代価を支払った後も、ジェイムズの魔女狩り欲は満たされなかった。自らを悪魔の最大の敵だと思い込んだ——別の魔女が、そう自供したのだ——国王は猛然と羽根ペンを執り、一五九七年に論文『悪魔学』を書き上げた。『魔女への鉄槌』などの大陸のテキストに依拠したこの論文は短くて、先行のものと比べれば遙かに大人しい。

「全裸での踊り、悪魔と魔女の無差別な性交、子供の人身御供、喰人などの猥褻な詳細を期待する淫乱な読者は甚く失望しただろう」とレヴァック。「サバトの描写における彼の主たる関心は、魔女がどのようにキリスト教の儀式をまねて愚弄するのかという点にあり……ジェイムズの論文がスコットランドにおける魔女信仰に影響を与えたにせよ与えられたにせよ、スコットランドにおける魔女のサバトは実際、至って大人しいものであった」。

ジェイムズと彼の本のお陰で、魔女狩りはスコットランドでは、君主の言葉に促進され続けた。結果、千人ほどの人が死ぬことになったけれど、それはまた、新しい形で国家を建設し、スコットランドを統一することとなった。スチュアート・クラークは論文「プロテスタントの悪魔学」のなかで、魔女狩りは「改革プロセスの中心にあった」と述べている。スコットランドは宗教的再生

に向けて苦闘していて、カトリックの過去を拒絶していたので、魔女狩りは霊的な管理運営の一つの手段だったのだ。

「世界には善もしくは悪のいずれかの勢力しか存在しないというプロテスタントによる世界の再創造は、間違いなく善意のものであったが、かつて魔女や魔法使いなどあまたの魔術的存在が生息していたグレーの領域を徹底的に打ち壊し、それら全てを悪魔に引き渡した。結果、彼らの力はかつてないほどに強化されつつあるように見えたのである」とリザンヌ・ヘンダーソンは論文「憎むべき悪魔の奴隷：一六世紀スコットランドにおける魔女術への態度の変化」（Detestable Slaves of the Devil: Changing Attitudes to Witchcraft in Sixteenth-Century Scotland）で説明している。そしてジェイムズ王の国では、あなたは彼の味方か敵かのどちらかしかないのだ。

一六〇三年、スコットランド王ジェイムズ六世はイングランド王として戴冠し、スコットランドとイングランド、アイルランドを統一して一つのプロテスタント帝国とし、そして彼は国王ジェイムズ一世となった。一年後、彼は王国全土に魔女術法（一六〇四）を発布。魔女術の罪に問われた者への処罰が強化された。王の権力が拡大すると、彼はこれまでの全ての「不正確な」版を置き換える新版の聖書を作ろうと決意した。プロテスタント信仰と、彼が創始した魔女狩りの波に対する彼の献身は彼自身の国にインパクトを与え続けることになる――そして大西洋の向こうの、できたばかりの幾つかの植民地にも。一六〇六年までには、シェイクスピアの『マクベス』はイングラン

ド全域で上演されていた。そこに登場する三人の魔女は、被害者の男を苦しめるために嵐を起し、スコットランド王の帝国に騒乱を巻き起す。こと魔女となると、事実はいつだって、創作よりも遥かに強いのだ。

アメリカの魔女

ヴァージニア州ウィリアムズバーグおよびジェイムズタウン

当初、アメリカの全てはヴァージニアであった。
――ウィリアム・バード

ジェイムズタウンの森は鬱蒼として、青々としている。湿地や沼地の多くない場所では、暗い樹々の塊の間を鹿がはねている。ジェイムズ川上空をミサゴが飛び、魚を狙う。パークウェイが一本横断している以外、土地はほとんど手つかずで、一六〇七年にこの地峡に初めてやって来たイングランド人が見たままの風景が広がっている。

夜遅く、リッチモンドからジェイムズタウンまでクルマで来た。ハイウェイには街灯一つなく、光と言えばハイビームと森の動物たちのぎらぎらする眼光だけ。私の部屋は〈ヒストリック・ポウハタン・リゾート〉。その名は、イングランド人が銃と病気と魔女術を持ってやって来る何世紀も前からこの地域に住んでいた先住民族に因んでいる。ジェイムズタウンの植民者キャプテン・ジョ

ン・スミスはポウハタンの酋長と会った時、悪意ある言葉しか残していない。曰く、「人というよりもむしろ悪魔」だと。

私がヴァージニアへやって来たのは、初期近代のアメリカの悪魔と、その忠実な召使いである魔女を求めて。知る由もなかったわ、部屋のTVを点けた途端、植民地時代そのままのプロテスタントの説教でおもてなしされるなんて。ベッドに落ち着いて、見たら『ザ・七〇〇クラブ』。福音派の牧師パット・ロバートソンの長寿番組で、一九六六年から続いている。ロバートソンは目の前の男に、あんたのゲイの息子は悪魔の魔手に囚われてる、とか決めつけてて、返す刀で女性にとっての婚前交渉の危険を説いている。それから熱烈な祈りで病人を癒すつもり。カメラの前に出て来た視聴者が、自分の慢性的偏頭痛がこの九〇歳の老人のお陰で治りました、と証言した。「今度という今度は悪魔は勝てませんでした」と彼女は嬉しそうに言った、「私が勝ったんです」。

このパット・ロバートソンは一九九二年、男女平等憲法修正条項に強烈に反対していた、あの男だ。キリスト教連合に公開書簡を送り、ジェンダー平等に対する嫌悪を表明した。曰く、「フェミニストのアジェンダは社会主義、反家族主義運動のそれであり、女性に対して夫の許を去り、子供を殺し、魔女術に手を染め、資本主義を破壊し、レズビアンになるように唆すのです」（ある意味、間違っちゃいない、いいんだけどさ……）。

パット・ロバートソンの福音主義——そして現代福音主義運動——の基盤となっている初期プロ

テスタントの信仰の多くは、一六〇七年にジェイムズ王から産地直送でジェイムズタウンにやって来た。その前年にジェイムズは『悪魔学』を書いて、イングランドとスコットランドとアイルランドの王となり、決定的な新版聖書を出版した。それでも彼の国の経済は傾いていた。だから聖公会の教義の流布と、資源獲得を目指してヴァージニアへと進出し、「新世界」に足掛りを築いていたスペイン人と対立した。ジェイムズは一六〇六年、ヴァージニア植民地を開始する憲章を承認。後に連合して合衆国となる一三州の嚆矢となる。

翌朝、〈ジェイムズタウン・セトルメント〉を見に行く。ヴィジターセンターでは、「固持」と題された特別展をやっていた。かつてジェイムズタウンに住んでいた実在の女たちの生涯を追うものだ。ポウハタン族、イングランド人、そして西アフリカ人。さまざまな工芸品が展示されている。刺繍のあるエリザベス朝のボディスから、ゴシップや小言を言った女たちを罰するために使われた懲罰椅子まで。これらのアイテムを見るだけでも、一七世紀の生活の一部が良く判る。でもそこに添えられたパネルを併せて見れば、女たちの責任、関係、苦難がより深く洞察できる。

裕福な白人にとってすら、ジェイムズタウンは比較的、住むのには適さない場所だった。初期の植民地には病気が蔓延していて、腸チフス、赤痢、壊血病、食塩中毒などが猛威をふるっていた。湿地があちこちに拡がり、清潔な飲料水の入手は困難で、食糧不足のため、設立当初の植民地では人肉喰まで行なわれていた。このような生命を脅かす困難に加えて、植民者はまず第一に、先住民

を悪の根源と見做した。見慣れぬポウハタンの宗教は、イングランド人にとっては不穏で奇妙で――魔女術臭いものだった。「彼らの司祭は」とアレクサンダー・ホイッテカー師は一六一二年に書いている、「我らがイングランドの魔女どもと変るところはない。生活は裸で、罪の恥辱を隠す必要がないかのごとくである」。

アリソン・ゲイムズは『初期北アメリカの魔女術』(*Witchcraft in Early North America*)でこう述べている。これらの「北アメリカにおいて始まったばかりの福音主義伝道は楽天的で、悪魔を退去させることができると信じていた」。一六一三年、ウィリアム・クラショーはこの地の植民地化――それとキリスト教化――の継続の使命を断言し、ヴァージニアに関してはホイッテカーと見解を同じくしている。「サタンがこの地を支配していることは明々白々である」と彼は言う、「世界の他のどの場所にもまして。だが勇気を持て……神は間もなく、汝らの足下にサタンを踏みつけてくださる」。

イングランド人が先住民を魔女術の罪で法廷で裁こうとしたという記録はない。植民者が自らの中に邪悪な行為を見始めるのはその一〇年後のことだ。

「一六二〇年代半ば、新たに到着した人々によってヴァージニア植民地が成長すると、イングランド人入植者たちは自分たちのコミュニティの中に悪魔の弟子を見出すようになった」とカーソン・O・ハドソンは『ヴァージニア植民地における魔女術』(*Witchcraft in Colonial Virginia*)で述べて

いる。「以後一八世紀初頭まで、同植民地の現存する記録によれば、幾つかの魔女術に関する取調、嘆願、名誉毀損の訴訟と対抗訴訟があった」。

ジョーン・ライトはヴァージニアの地で、魔女術の罪で起訴された最初の女性。彼女は一六〇九年、イングランド北西部の小さな街ハルからジェイムズタウンに着いた。それから一年の内に彼女は夫のロバートと結婚する。この男は名高い借金王で、自身もしょっちゅう司法とトラブルを起していた。若い頃、ライトはシャツを正しく縫えなかったということで鞭打ちされたこともあった。その後、産婆になるけれど、コミュニティの誰かが調子を悪くする時を——それに、夫や雌鶏がいつ死ぬかということを——少しばかり知りすぎていた。また彼女は左利きで、これは邪悪とまでは言わないまでも、変わり者の印だった。ヴァージニア植民地人は最終的に、彼女に関する不吉な噂を十分過ぎるほど聞かされることとなり、そして彼女に魔女の烙印を捺したのだった。

〈ジェイムズタウン・セトルメント〉からクルマで少し行くと、最初の植民地の中心である〈ヒストリック・ジェイムズタウン〉。緩い傾斜の広がる土地で、そこかしこにオークの樹が点在している。岸に打ち寄せるジェイムズ川を、日光がまだらに照らす。かつてこの古い砦に建っていたものの幾つかは、考古学者の研究に基づいて立て直されている。この遺構を——まだ発掘中だけど——うろつく観光客は井戸や倉庫、小屋、最初の教会が建っていた場所を見ることができる。この教会で、ポウハタン族のポカホンタス（本名マトアカ）はイングランド人で煙草農家のジョン・ロ

ルフと結婚した。ジェイムズタウンで発掘された最も魅惑的なアイテムは、ここのヴォールヒーズ・アーカエリアム考古学博物館にある。そのフロアのガラスの入口の下に、ジェイムズタウン地方集会所の基礎部分を見ることができる。ジョーン・ライトはそこで裁かれたのだ。

現存する裁判記録によると、一ダース以上の人がジョーン・ライトに不利な証言をした。ある時、ライトは産婆を務めることになっていたが、その母親が考えを変え、別の産婆を雇った。ライトはその妊婦の夫に呪いを掛け、彼はすぐに死ぬと言った。また別の件では、ライトはまたしても産婆の仕事を取られ、結局その赤ん坊は死んでしまった。ライトが仕事を断られた後、非常に怒っていたので、両親は彼女を疑った。また、ライトはイングランドで魔女をしていて、魔女術に対抗する知識もある、という証言もあった――善なるカニング・ウーマンなら誰でもできることだけど。そのためには馬蹄を竈の火で熱し、「赤熱化」させるとよい。それを尿にぶち込むと、魔女を「心の臓の病」にすることができる（ヴァージニア植民地の至るところで、馬蹄を逆さまにしてドアや炉床の上に打ち付けたものが魔女除けに使われていた。魔女の瓶もまた一般的だったけれど）。ライトの裁判記録によれば、近隣住民から魔女と呼ばれることに関しては大して気にしておらず、むしろ「神が彼らを許すように」と言っていたという。

「ライトに対する訴えと、ヴァージニア議会の前での彼女の反応は、イングランド人の信心の重要な特徴の一つを浮彫にしている」とアリソン・ゲイムズは言う。「悪魔および悪魔の契約が相対

的に重視されないことである。これらの要素はいずれも、通常は特徴として挙げられるものではあるが、イングランド植民地における魔女術の告発は大抵、悪魔崇拝よりも邪術《マレフィキア》に主眼が置かれていた」。

私たちは、ライトがジェイムズタウン議会で裁かれたことは知っているけれど、判決とその後の記録は南北戦争で失われてしまった。けど、ライトが処刑されたというのはありそうにない。ヴァージニアで魔女術の罪で処刑されたことが知られている唯一の女はキャスリン・グレイディ。一六五四年に嵐に遭った船の自警団に、その原因とされて犠牲となった。

最近、〈ジェイムズタウン・セトルメント〉はジョーン・ライトの裁判記録に基づく「魔女の季節」と題する劇を上演した。毎年一〇月、〈セトルメント〉と〈ヒストリック・ジェイムズタウン〉はハロウィーンのシーズンに何かしらの魔女絡みのイベントを行なう。かつて魔女とされた植民地の女たちに、もう一度光を当てるのだ。

❖

〈コロニアル・ウィリアムズバーグ〉では、時間は止っている。世界最大の生きた歴史博物館は、独立戦争の前に栄えていた街を復元したものだ。一マイルに及ぶデューク・オヴ・グロスター・ス

トリートをぶらぶらすると、由緒正しいタヴァーンでチップを払い、馬の引く乗物が傾きながら傍を行くのを見て、鍛冶屋や指物師、印刷屋、帽子屋、鬘屋などを探索できる。これらの古風な建物の中にいるのは普通の人――役者ではない――で、その職業の訓練を受け、一八世紀と全く同じに、商品作りに精を出している。

銀細工師の店で、私は制作途上の繊細な卓上食器類に惹かれた。伝統的なやり方なんだ、たった一つの銀の鉢でも作るのに数日掛かるよ、と銀細工の親方が言う。印刷屋では、職人が金属の活字を集めている。それぞれに異なる文字が捺されていて、集めるとホリデイの挨拶になる。この骨の折れる作業によって初期近代の魔女狩りパンフレットが作られたのだ。薬屋の棚は、ハーブや粉薬の詰まった壺やら瓶やらで一杯。植民地の人々は何を買うか迷っただろう。帽子とドレスの女が、客の質問に答えている。そこで私は、産婆と医者の違いを聞いた。彼女曰く、当時は妊娠は病気とは見做されていませんでした、ですから、医者の職分ではありません――ややこしいことになったら話は別ですけど、もちろん。

コロニアル・ウィリアムズバーグはどこでもクルマで行けるわけではない。だから周囲の停留所をバスが巡回していて、一つの地区から次の地区へと連れて行ってくれる。乗り込む度に、録音の挨拶が流れて、言葉使いを慎むように注意する。「不適切な、もしくは無礼な言葉遣いはお控えください」。バスのスピーカを通じて女の声が告げる。それは女のお喋りがしばしば犯罪と見做され

ていた過ぎ去りし時代を喚起させる。

一六六二年、ヴァージニア下院は女性の乱雑な話し言葉に関する法律を通した。「がみがみ女《ブラブリング》」は水責めにするというわけ——ジェイムズ王の『悪魔学』にあった魔女への刑罰と同じもの。

テリ・L・スナイダーが『がみがみ女《ブラブリング》：初期ヴァージニアにおける無秩序な言動と法律』(*Brabbling Women: Disorderly Speech and the Law in Early Virginia*) でこう述べている。「*brabbling*とは口論や言い逃れ、あるいは喧嘩腰もしくは騒々しい傾向を指す。特にジェンダー的な言葉ではないが、ヴァージニアの法制定者たちは、条文とそれが定める処罰に合うものとしてそれを選んだのだ」。ジョーン・ライトは明らかに「がみがみ女」で、ニューイングランドの魔女術事例では、騒々しい喋り方はしばしば、その女が魔女である証拠として採用された。

商店街を過ぎて大通りを行く。伝統的な植民地の植物が育つ庭園があった。スコッチケール、セイヨウニラネギ、ケシ、ギシギシ、トモシリソウ、ムラサキアブラナ、ヒラウチワサボテン。アブラナとミントは一般に咳止めや胃腸薬として用いられました、と綺麗な花と草の列を世話している女性が言った。

通りの向こう側では、笛とドラムの鼓笛隊が、ザ・サン・ビロウ・ザ・ホライズンを演奏している。赤い上衣とクリーム色の膝丈ズボンに身を包んで更新する鼓笛隊は、スコットランドとイングランドの伝統的な曲を正確に奏でている。その側に、植民地時代の服装で働く男女がいた。彼女の

スカートは波のようにうねり、彼の三角帽子は真北を指している。二人は腕を組んで、石畳の通りを歩いて行く。晒し台に固定されたふりをしている観光客を通り過ぎて。近くの看板は、この手の写真には#colonialmugshotsというハッシュタグを付けて投稿することを奨励している。

夕暮れ時に大砲が鳴って、隣のカレッジ・オヴ・ウィリアム&メアリの学生がデューク・オヴ・グロスター・ストリートを走ったり、あるいは観光客と共に犬を散歩させている。私は敷地外のコーヒーショップに迷い込んで、植民地コスの女性の隣でお茶を啜っていた。彼女は片手にコーヒーのカップを持ち、もう片方の手で、白い帽子から溢れた乱れ髪を押えている。すっかり暗くなると、コロニアル・ウィリアムズバーグに戻り、蝋燭で照らされた議場で魔女の儀式に参加した。

ジョーン・ライトはヴァージニア初の魔女だけれど、この植民地最後の魔女の方が遙かに有名だ。グレイス・シャーウッド、今では「プンゴの魔女」とか、シンプルに「ヴァージニアの魔女」と呼ばれている。その悪評のために、長年にわたって法廷に出入りすることとなった女性だ。

一六九七年、グレイスと夫のジェイムズは、彼女を魔女と呼んだ男を名誉毀損で訴えた。総計五〇ポンドの賠償を求めたけれど、示談となった。シャーウッドは一六九八年に再び名誉毀損で訴

訟。前とは別の男とその妻が、グレイスが「自分たちの豚を呪殺し、綿花を台無しにした」と主張したからだ。それと同時に、また別の女が、グレイスが真夜中に彼女のところへやって来て彼女に「馬乗りになり、そして黒猫のように鍵穴かドアの裂け目から出て行った」と告白したのだ。これに対して、グレイスと夫はこの両者を口頭誹毀で訴え、それぞれに一〇〇ポンドを要求した。陪審はシャーウッドの主張を認めず、グレイスの悪名がそそがれることはなかった。

一七〇五年、夫が世を去って四年後、グレイスは彼女を魔女と呼んだ隣人とフィジカルな喧嘩になって、この件を法廷に訴えた。陪審はグレイスの申し立てを受け入れ、損害賠償として一ポンドを認めた。憤懣やるかたない隣人とその夫は、一七〇六年、グレイスを正式に魔女術の罪で訴えた。イングランドの魔女に関する規定に従い、女性の陪審団がグレイス・シャーウッドの身体を調べ、疑わしい印を探した（グレイスにとっては不運なことに、その陪審長は彼女がかつて名誉毀損で訴えた女だった）。シャーウッドを調べた女たちは、「乳首のようなものが二つ、さらに幾つかの点」を見つけたと宣言した。グレイスは拘留され、最終的には水審判を受けることとなった。両手両足を縄で縛られ、水の中に放り込まれるのだ。監視人たちは、グレイスが魔女かどうかを決めるために、浮かぶか沈むかを注意深く観察した。不運なことに、グレイスは「しきたりに反して」浮かび上がった。

シャーウッドの物語はあまりにも重要だから、今も彼女の像がヴァージニア・ビーチに建ってい

る。そして毎週コロニアル・ウィリアムズバーグで行なわれる演劇のスターにもなっている。中には、舞台に出現したグレイス・シャーウッド本人を見た、という話まである。

歴史学者カーソン・O・ハドソンが脚本と監督を務めた*Cry Witch*は、グレイス・シャーウッドの一七〇六年の魔女術裁判記録に基づいている。この劇を見るために歴史的な議事堂――元の裁判が行なわれたのと同じ場所――の外に並んだ列は、興奮して大声で語り合う十代の学生たちで一杯。入場して席に就くと、男性陪審が入って来て、陪審席に着く。鬘の男が「二一世紀の思考様式を放棄せよ」と宣言し、劇の開始を告げる。*Cry Witch*の開幕は、シャーウッドに対する告発の数々が朗読される。次に、証人の証言。

*Cry Witch*は観衆参加型で、だから学生たちも、裁判を統轄する政府に提出された証拠に対する質問をしなければならない。証人の中には慎重な者もいる。一人の女は極めて動揺した状態にある。彼女は、グレイスが真夜中に彼女の家に来て、魔女術で苦しめたと証言したのだ。観衆はシャーウッドが有罪か無罪かに投票する。そして多数の不利な非難に基づき、グループは圧倒的に有罪に傾いていた。シャーウッドは間もなく自らも動揺した状態に陥り、評決が告げられると、絶望の叫びを上げる。

私がアメリカの魔女裁判に手を出したのは、ある意味、イングランドの裁判の続きのようなものだった。そうは言ってもヴァージニアでは、告発は小規模で、個人レベルのものだ。けれども、

一七世紀と一八世紀のヴァージニアの魔女狩り研究がとりわけ不穏なのは、その背景にあるもののせいだ。コロニアル・ウィリアムズバーグの街路を歩くと、役者たちが、ヨーロッパ人植民者たちと共に暮らす先住民とアフリカ人を演じていた。魔女術で告発された白人女性が受けた迫害は、この辺りの先住民や黒人奴隷が受けた迫害とは比べものにならないことを思い起こさせてくれる。

アメリカは強奪された先住民の領土の上に築かれ、奴隷労働によって繁栄してきた。その事実からして、魔女迫害――ジェンダーに基づく抑圧――だけにこだわるのは馬鹿げているとも考えられる。そうであっても、植民地時代のアメリカの魔女裁判の調査はアメリカの歴史を理解し、ヨーロッパの植民者とその子孫が最終的に自分たちを、人種によって規定される「他者」と対立する「白」であると規定した次第を把握する上では不可欠だ。このプロセスは、実際、魔女狩りの諸相と繋がっている。

『良妻賢母、ふしだらな売春婦、不安な家長：植民地時代のヴァージニアにおけるジェンダー、人種、権力』(*Good Wives, Nasty Wenches & Anxious Patriarchs: Gender, Race, and Power in Colonial Virginia*)の中で、キャスリーン・M・ブラウンはジェンダーが一六世紀末のイングランドで次第に「法廷および教会の両方から吟味されるようになり」「本国でも海外でも、国家権力の重要な技術となった」次第を説明している。これこそ、あの当時に魔女術に関する事例が増えた理由だと彼女はいうのだ。「議会における魔女術の非合法化の決定は」とブラウンは説く、「逸脱のカテゴリを反復し、コミュニ

ティに対して規範遵守を奨励することにより、ジェンダー・イデオロギーと国家権力の繋がりを強化した」。

魔女術の告発は、家父長制的基準に従った振る舞いをすることから逸脱した女たちを取り締まるための一つの方法である。けれども、ジェンダーのヒエラルキーの法制化への動きは、人種的ヒエラルキーの概念にもインパクトを与えるだろう。「ジェンダー論、性による労働の分割、白人女性のセクシュアリティ規制は、人種の規定のプロセスに統合され、一七世紀ヴァージニアにおける奴隷制の確立に大いに寄与した」とブラウンは論ずる。

教会と国家による白人女性への迫害を調査している時ですら、レイシズムと植民地主義の亡霊はその近くに漂っていて、魔女裁判に、ヨーロッパには存在しなかった新たな次元を追加している。人種、性、ジェンダーに基づく抑圧は厄介で複雑な遺産を生み出した。それは今なお、合衆国の政治と文化に残っている。魔女の迫害を調べる時には、それを無視するわけにはいかないのだ。

*Cry Witch*を観た翌日、私は病院の駐車場にいるグレイス・シャーウッドを訪ねた。ヴァージニアの著名な、最後の魔女を記念する美しいブロンズ像には、当時の知事ティム・ケインの銘板がある。

彼は二〇〇六年にグレイスの無実を証した。水審判で魔女だと宣言された後、グレイスがどうなったのかは判らない。だけど彼女は一七一四年、土地の補助金を受け取っている。だから投獄されて釈放されたんだろう。彼女の最後の遺言は一七四〇年に息子たちによって検認されているから、グレイスが死んだのは八〇歳くらいだったことになる。

グレイス・シャーウッドの像はハイウェイと病院と、ウォルグリーンズ〔訳注：ドラッグストアチェーン〕の近くにある。像にはまことに相応しくない場所で、誰ひとり駐めていなかった。だけど、最近の訪問者の痕跡がある。グレイスの手にはブロンズのハーブのバスケットがあるんだけれど、誰かがそこに薔薇のブーケを入れていて、それがほとんど萎れていなかったのだ。足許にはアライグマが後ろ脚で立っていて、前脚でグレイスのスカートを引っ張っている。地元の伝承がシャーウッドの遺産を美化していて、産婆術の他に動物と話す能力やハーブで癒す能力も付与しているのだ。それがどの程度真実なのか、私たちには判らないだろう。ただ解っているのは、彼女が水に沈められたのは、今のウィッチダック・ロードが水辺で行き止まりになっている所だということだ。少し行ったところにあるオールド・ドネイション教会には、小さな庭園にグレイスを記念する墓石がある。そして毎年行なわれるプンゴ苺祭は、「プンゴの魔女」に因んで命名された。

ヴァージニア・ビーチを取り巻く一帯には、形而上学、ニューエイジ、魔女の店が驚くほどたくさん集結している。そのうちの幾つかを訪ねて、この一帯ではもうすっかり魔女術がごく普通のも

のになっている――ロンドンやパリ、フィレンツェなどのように――ことに気づかされた。けれど、まだ魔女術は完全に受け入れられたというわけでもない。一九八〇年代半ば、自称ヴァージニアの元「血の誓約の魔女」がいて、魔女術の危険性と、その所為でサタンの攻撃を受けた体験を説いていた。今でも、パット・ロバートソンと彼が創った福音主義コミュニティは、実際に悪魔を信じている――そしてしばしば、魔女もまた。プロテスタンティズムと悪魔的魔女術信仰はヨーロッパから来たのかもしれないけれど、それはアメリカの植民地で、アメリカ独自のやり方で顕現したのだ。

マリタイム・マレフィキウム

中部大西洋

チェサピーク湾は眼下百フィートで荒れ狂っている。白い波濤は自らを木の杭に叩きつけ、帆船は横倒しになってまた立て直す。私はベイブリッジを飛ばしている。雨が風防をばしばしと打つ。目は眼下の荒れ狂う水面を見つめている。何度となく渡って来た橋だ。嵐の中でも、この絶景の横断は心地よい。だけどチェサピークを目指す船に乗せられたかつての魔女たちは、生きてこの絶景を見ることは叶わなかった。この湾のすぐ近くに生まれ育った私だけれど、中部大西洋の邪術については大人になるまで知らなかった。だけど魔女術の罪に問われた女たちはここで生き、そして死んだ。彼女たちの物語はセイラムに、あるいはそれよりも何世紀も前に彼女たちを呑み込んだ飢えた海に掻き消された。

一六五四年、客船チャリティ号がロンドンからセント・メアリーズ・シティを目指していた。誰に聞いても、この航海は最初から呪われていた。港を出て数日もしない内に大西洋は荒れ始め、空は暗くなった。黒い渦がチャリティ号を翻弄した。波は逆巻き、甲板に叩きつけた。船首から船尾

までの至るところで水漏れが発生した。下の船倉から出て来た人々全員の肌を、塩水が灼いた。船員たちが粉骨砕身、この船を救おうとしている時、迷信が広がった。こいつぁ只のスコールなんかじゃあねえ、と海の男たちは嗄れた声でひそひそ囁きあった。まるで自分たちの恐れを大声で口に出せば、嵐が酷くなると信じているかのように。数週間にわたって水を掻き出し、糧食を濡らさぬように守り、船を浮かせるために戦った後、あの囁きは叫びになった。船員たちが信じ込んでいることを察した時、船長の背骨を怖気が走った。

甲板の下で、他の乗客たちと共に、メアリ・リーは何一つ知らなかった。海が苛烈であると言うこと以外は。たった一人で旅をしている老齢の未亡人である彼女には、乗船した瞬間から噂がまとわり付いていた。来る日も来る日も、船はメアリを、唯々不快な茫然とした状態へと叩き込んだ。船倉の隅に押し込められ、ただ嵐の過ぎ去るのを待っていた。床は水と吐瀉物でぬらぬらしていた。真夜中には、メアリは他の困り果てた乗客たちと共に、ともかく身体を支えてくれるものにしがみつき、ただ命を繋ぐためだけに、黴びたパンの皮を呑み込んだ。風はバンシーのように泣き喚いて、彼女の運命を告げた。

二ヶ月以上も――ロンドンからメリーランドへの旅程のほとんど――海のうねりと絶え間ない祈りとが続いた。土砂降りの雨、波の連打が止む気配はなく、だから海の男たちには、今為すべきことが解っていた。ある夜、魔女術を叫びながら船倉に突入した二人の船員は、メアリをひっ掴んだ。

アドレナリンと正義の怒りに沸き立つ彼らは、船長の命令を無視して彼女を無理矢理立たせた。メアリこそがあの大渦巻きを召喚したのだ。彼女はロンドンを出航する際に乗り込んで来た魔女であり、この船の不運の原因なのだと。

海の男たちはメアリのか弱い身体を掴んだ。メアリは芯までずぶ濡れになり、なかなか脱げないペティコートが、告発者たちに対して使い物になるただ一つの抵抗手段となった。彼らは彼女のボディスを引き裂き、魔女の印を探し始めた。その肌をああでもないこうでもないと捻りあげ、ようやく仮説を証明するに足る何かを皮膚の上に見つけ出した。そんなわけでメアリは巻き上げ機へ連れて行かれ、処罰を長引かせるため、一晩そこに繋がれた。

翌朝、メアリは衰弱し、死にかけていた。悪天候の下に何時間も放置された彼女は譫妄状態で、告発された罪の全てを自供してしまった。嵐を起したこと、船を呪ったこと。それを聞いた船長は当初は否定していたが、やがて船員たちの魔女術の申立てに屈した。船員たちの執拗な要請で、メアリは吊られ、遺体は乏しい所有物と共に海に投げ込まれた。大西洋は渦巻く三途の川となり、メアリをこの世からあの世へと連れ去った。だが、悪天候が収まる気配はなかった。

チャリティ号がようやくセント・メアリーズ・シティの港に到着すると、地元の植民地政府はメアリ殺しの捜査を始めた。記録された多数の証言が、彼女に対する仕打ちと、船員たちの黒魔術信仰が船を支配していたことを明らかにした。だけどメアリ・リーの酷い殺害に関して、誰一人罪に

問われる者はいなかった。数年後の一六五八年、エリザベス・リチャードソンとキャスリーン・グレイディが、やはりチェサピークを目指していたそれぞれの船で同じ運命の被害者となる。悪天候と邪悪な魔女は手に手を携えてくると信じられ、他の乗客乗員からの反対もあったにも関わらず、この三件でいずれも自警団が支配したのだ。

「裁判記録によれば、この三人のチェサピークの旅人たちはいずれも老齢である」とアリソン・ゲイムズは言う。「もしかしたら、これらの女性たちの行動上の何か――身体的特徴、病気、不随意な痙攣、呟くような祈り、迷信的な行動、あるいは不快な気性――が、魔女の証拠のように思われたのかもしれない」。疑念を惹き起こしたのが何であったにせよ、メアリ・リー、エリザベス・リチャードソン、キャスリーン・グレイディの三人には、(不)公正な裁判という贅沢すら許されなかった。「間違いなく、彼らが同乗者によって素速く魔女と決めつけられてしまったことは、魔女に対するイングランド人の先入観の根深さを示している」とゲイムズは続ける。「すなわち魔女とは老婆であり、特に海に対して悪さをするに違いないという先入観である」。

私の朝のドライブはメリーランドからデラウェアへと続き、デルマーヴァ半島に着く頃には、雨は奇蹟的に上がり始めていた。トレーラーハウスの駐車場と古い煉瓦の植民地コミュニティの間の、樹木の生い茂る山間に日光が降り注ぐ。数えるほどの店舗と信号が一つしかない田舎町の間の平坦な風景は、休耕中のトウモロコシ畑と養鶏場が占めている。ようやくリホーベス・ビーチに着くと、

灰色の空は輝くような青に変った。大通りを歩き、板張りの遊歩道を渡ると、コスプレした数百人の人々が所在なげにバリケードの背後に並び、フェスティヴァルの開幕を待っている。もうすぐ魔女が来る。

リホーベス・ビーチの〈海の魔女祭〉は一九七九年以来、週末のパレード、コンテスト、海辺のエンターテインメントなどで構成されている。この祝祭が、メアリ・リーのような不運な女たちに敬意を払うものなら意味はあったんでしょうけど、そうじゃない。むしろこのイベントはメアリがその犠牲となった伝承を承認するものだ。魔女は船の遭難を引き起こすという信仰。古代ギリシアのセイレーンがその歌で船乗りを誘惑して殺していたという時代から。

嵐を起こす魔女は、初期近代のイングランド、スコットランド、スカンディナヴィアの魔女伝承に見出すことができる――それに、「天候の魔女」はドイツの魔女の間でも一般的であったことも知っている。だけど、本土の神話は、人生の大部分を海で孤独に過した男たちが生み出した神話とは画然と区別される。「船乗りの世界観は、キリスト教及び前キリスト教の信仰、参照、定位と結びついた」とマーカス・レディカーは『悪魔と青い海のあいだに：商船員、海賊、英米の海洋世界一七〇〇－一七五〇年』（*Between the Devil and the Deep Blue Sea: Merchant Seamen, Pirates and the Anglo-American Maritime World 1700-1750*）で説明している。「船乗りはギリシア・ローマ神話、聖書の物語、伝統的な冒険譚を用いて、彼らの伝承、彼らの意義深い人物のパンテオンを創造した」。異教のパンテオ

ンには海の魔女がいる。告発された魔女たちの大多数と同様、女性だ（実際、どんな女性であれ、海では不吉とされた）。こういう繋がりからして、チェサピークの出来立ての港を目指していたイングランドの船乗りたちが、旅の途上で海の邪術と遭遇するかもと信じていたとしてもおかしくはない。

最近の記憶にある最も悪名高い海の魔女は、英国の船ＨＭＳデブラークの海難と関係している。この船は、一七九八年五月末にデラウェア湾で沈没した。この船は長い間、きらめく財宝が積まれていると考えられてきた。これを略奪しようとするレスキュー・ミッションが悉く失敗に終った後ですら。一九三〇年代までに、デブラークを探索していた自称トレジャー・ハンターたちの中にも、沈んだ宝を守ろうとして「悪天候の魔女」が起したとされるスコールにやられた者もいた。彼女をなだめるために、船乗りたちは海の魔女の像を作り、御神酒と祈りを捧げたという。それからその像を焼いて灰を海に撒いたけれど、それでもデブラークは発見できず、最後の挑戦もハリケーンに妨害された。

ずっと隠されていたデブラークが引き上げられたのは一九八六年。中に財宝はほとんどなかったけれど、災難除けの魔術っぽいアイテムが幾つかあった。デブラークの中にあったものは、ドイツの炻器《せっき》の欠片。一七世紀と一八世紀には、時に魔女の瓶を作るのに用いられた。それと、裏に三角形のシンボルが描かれた皿。これらのアイテムは今はデラウェア州ルイスのズワーネンデール博物館で見ることができる。

群衆に揉まれながら、私は辺りを漂うシーフードの衣揚げの塩辛い香りに圧倒されていた。じゅうじゅう言ってるフレンチ・フライに、オールド・ベイ・シーズニングを一振りした奴を、コスプレした手がしっかり掴んでいる。キュートで不気味な変装に身を包んだ子供たち、大人たち、犬たちが、両側から私を挟んでいる。〈海の魔女祭〉にやって来る観光客のほとんどは、季節の恐怖を求めて来るんだけど、この祭はまた実践魔女のグループも惹き付けている。デラウェア州はニューエイジのヒーラーだの、ネオ・ペイガンの実践者だの、魔女っぽい女たち（私自身の母親も含めてね）の温床で、だから魔女団だのソロの魔女だのが、黒いマントにとんがり帽子、ペンタクルのジュエリー、スタイリッシュな箒といった出立ちで、面白半分に闊歩している。でもこういう熱心な異教徒の存在は周縁的というか、むしろ隠れている。ある意味、〈海の魔女祭〉はただ、アメリカ人の意識の中で魔女たちがどれほど牙を抜かれ、歴史から隔離されてきたかを例示している。セイラムの事件以外、アメリカでは魔女と魔女迫害に関してはほとんど何も知られていない。

初期近代の終りまでに、少なくとも三五〇の魔女術の事例がアメリカ植民地の法廷で裁かれていて、その大半は北東地方。マリオン・ギブソンは『アメリカ文化における魔女術の神話』（*Witchcraft Myths in American Culture*）の中で、植民地内で三八－四〇例の魔女の処刑が記録に残っていると指摘している（火刑は認められていなかったので、有罪となった魔女は全員絞首刑だった）。ヨーロッパと同じく、記録された歴史と歴史的事実との間には食い違いがあると思われる。多くの法廷

記録は南北戦争で失われたし、処刑の「本当の数はもっと多かったということは大いにありうる……魔女術は初期のアメリカにおいて大いに関心の的だっからである」とギブソンは言う。「アメリカの魔女とその告発者に関しては、語られるべき重大な物語がある」と彼女は続ける、「そしてわれわれ全員が慣れ親しんでいるステレオタイプの背後には、予期せぬ矛盾が潜んでいるのだ」。

メリーランドの地で魔女術の罪で処刑された人物はレベッカ・ファウラーだけ（多数の裁判がここで行なわれているけれど）。カルヴァート郡に住んでいた未亡人だったファウラーは、一六八五年一〇月にセント・メアリーズ・シティで絞首刑となった。コミュニティの中に病気を引き起こし、何人かの人を「極めて重篤な、消耗した、憔悴し障害を負った」状況にしたとされて。〈ヒストリック・セント・メアリーズ・シティ〉に行けば、この歴史に触れられるツアーで初期植民地の生活を垣間見ることができる。

デラウェア渓谷では、一六八三年に名高い魔女裁判が行なわれた。二人のスウェーデン人の女、マーガレット・マットソンとイェシュロ・ヘンドリクソンが、コミュニティ内のオランダ人とイングランド人から邪術の罪で告発されたのだ。裁判はペンシルヴェニア地方裁判所で行なわれ、裁判長を務めたのはペンシルヴェニア州の設立者ウィリアム・ペン自身。ペンのクエーカー的寛大さのお陰で、女たちはいずれも魔女であるという噂の罪で起訴されることとなった。そんなわけで二人は「謹慎保証書」を公示され、善行を約束すると、夫の許に送り返された（ハロウィンの時期には

今も、フィラデルフィアのペンズリー・マナーでマットソン裁判の再演が行なわれる）。

初期近代以後、中部大西洋では――アメリカ全土と同様――さらに多くの人々が有害魔術で告発されることになる。オウェン・デイヴィーズが『魔法をかけられたアメリカ：セイラム以降の魔女術の話』（*America Bewitched: The story of witchcraft after Salem*）で研究している、あまり知られていない歴史だ。科学と啓蒙主義的価値観の台頭によって魔女や魔女術に対する信仰は整然と駆逐された、という一般に広まっている認識とは裏腹に、それは明白な事実とは言えない。超自然に対する懐疑主義は間違いなく西洋世界を呪縛しているけれど、黒魔術信仰はイングランドでもアメリカでも厳然としてあった。この現象を、トーマス・ウォーターズは『呪われたイギリス：近代における魔術と黒魔術の歴史』（*Cursed Britain: A History of Witchcraft and Black Magic in Modern Times*）で解き明かしている。良くも悪くも、邪悪な魔女に対する恐怖は決してなくならなかったのだ。

パレードを眺めているうちに、周囲の群衆がさらに膨れ上がり、私の尻を金属のバリケードに押しつけた。蜘蛛の巣に覆われ、骸骨と海賊の乗ったガレオン船が通り過ぎる。ありとあらゆる不穏な海の怪物が、行進するミュージシャンの氾濫と共に顕れ、それから〈海の魔女〉ご本人がステージ中央に登場する（名前はサリー）。私は空中をぴょいぴょいしている黒猫の風船を追った。塩入りタフィと出来立てファッジの香りの混じった海風に乗って漂って行く。

子供たちが怪物みたいに喚き、空に浮かぶ緑と黒の〈海の魔女〉の巨大な頭部を追いかけて行く。

親たちはフローズン・カスタードにキャラメルコーンにスラッシャーのフライで完全にハイだ。

踊り、笑い、歓声を上げる群衆を掻き分けていた私は、喜びにハメを外しまくる人々を見て、胸が苦しくなった。あの荒れ狂っていた大西洋に向き直ると、さっきの嵐から潮目が変っていた。深い青の水は静まり、催眠作用のある波が砂に押し寄せて、その泡の形を残していく。目を上げて砂丘を見、下げてビーチを見る。ビーチは魔女のドラァグを着た人々で溢れ返っている。黒いとんがり帽子の孤独な人物が突っ立って、沈黙の瞑想に耽りながら地平線を見ている。もう一人の緑の顔の老女が、歩道の通行人に突進し、偽りの恐怖をばら撒いている。

またしてもお化け屋敷ヴァージョンの歴史に囚われて、私はこのデラウェアの〈海の魔女祭〉で、ハルツ山地の時と同じ乖離を感じた。ここで死んだ人は遙かに少ないけれど、アメリカの魔女狩りの風景はドイツのそれと同じく、いくつもの層《レイヤー》を成している。サタンの地と見做されたが故に、植民者たちはそれを、悪魔化した原住民から引き剥がそうとした。そこにルーツを持つアメリカの魔景は、非人間化と他者化の場所だった。そこでは歴史が書かれ、書き換えられ、最も周縁的な声は圧縮されて遠吠えする騒音となる。けれど今、大西洋の両岸で、かつて男たちを殺人に駆り立てた元型的魔女の海洋的牽引力は、祭のネタになった。そうして捕まえてしまえば、彼女を支配し根絶することができる。今や魔女は多くの人を解放している。良くも悪くも、思いもよらない結末だ。

記憶の儀礼

コネティカット州ハートフォード

ハートフォードでは、魔女たちは私を教会へと連れて行った。ハロウィンの数日前、私はニューヨークから、万華鏡のような紅葉の道を辿ってここへ来た。コネティカットの魔女狩りの犠牲者たちを讃える朝の礼拝に到着した時、ハートフォードはゴーストタウンだった。街は完全なる恐怖のモード——家は蜘蛛の巣で覆われ、店先は吸血コウモリや猟奇的なジャック＝オ＝ランタンで飾られている——だけどセンター・チャーチの中では、恐怖をもたらしていたのは魔女狩りだった。

メインストリートのエインシャント・ベリイング・グラウンドの隣にそびえるセンター・チャーチとその会衆は、一六三六年のハートフォード創建にまで遡る。センター・チャーチはまた、ハートフォードの告発された魔女と、魔女の告発者たちの霊的な故郷でもある。

到着すると、私はこの教会の印象的なイオニア式の柱の間を通り、血のように赤い絨毯を辿って、使い古された会衆席にやって来た。この二〇年、何度かの結婚式や葬式を除いて、教会に参列したことなんてほとんど無い。だけど、私は魔女の名にかけて、何だってやる覚悟があるんだ。

礼拝はまず、ニュー・イングランドの魔女狩りに関する講義から始まった。リチャード・S・ロス三世博士が悪魔的魔女の起源や大陸の悪魔学、そして初期近代アメリカの魔女狩りに対するイングランドのインパクトについて語っていた。彼の背後のステンドグラスの窓では、イエスが十字架に掛かっている。明るい秋の日、外では風が葉を落している。

ロスは用心深く魔女狩りの歴史を展開してゆき、最後にイングランド内戦と、それがアメリカ人の思考様式に与えたインパクトを語った。一六四〇年代に内戦がエスカレートすると、イングランド東部で魔女狩りは血みどろのたけなわを迎えた。宗教的覇権を巡る戦いで互いにプロパガンダの限りを尽し、互いに相手を悪魔化せんとする議会派と王党派に、反魔女に取り憑かれたマシュー・ホプキンズ――いわゆる「魔女狩り将軍」――が加わり、魔女術の罪に問われた二五〇－三〇〇人のための舞台が整った。「同様に、戦争遂行努力を支える準備を整えた司法および行政構造は、巡回裁判が通常、魔女術に関する件において示す慎重さを稀釈するのに十分なほど酷使されていた」とジェイムズ・シャープは説明する。ホプキンズのお陰で、イングランドでは一〇〇人近い人が死んだのは大規模魔女狩りの時だけだ。それが今度は、超自然の悪に対するイングランド植民地の見方に影響を与えた。

講義の半ばで、私は周囲を見回し始めた。レザージャケットのジッパーが木の会衆席に擦れてがちゃがちゃ音を立て、広々とした教会内部に大きく反響した。参列者は全員、少なくとも一〇歳以

上は年上だ――そしてはるかに堅気の格好をしている。私はこの後の儀式が心配になり、このままここにいても良いのかなと思った。近くの列で、一人の女性が座ったままごそごそして、ブラウスを上げた。そこには三女神のタトゥが。ああ、ここにいても良いんだ。

コネティカットの植民者たちは祖国を去ったけれど、イングランドの文化や政治と繋がったままだった。エリートから貧民まで、誰もが旧世界と繋がる交流のネットワークを持っていた。手紙に書物、それに大声で読まれる小冊子に、寝室や台所で囁かれる噂話。「パンフレットやチラシ、説教などで用いられる魔女の強調と罵倒語は、強烈な雰囲気を生み出していた」とリチャード・ロスは『セイラム以前：コネチカット川流域での魔女狩り 一六四七―一六六三年』（*Before Salem: Witch Hunting in the Connecticut River Valley, 1647–1663*）で説明している。それは「当該の時代のニュー・イングランドにおける魔女狩り受容の雰囲気を刺激した」。

コネティカットの冬は苛烈で、病気、飢饉、「異教の」部族との争いの恐れは、悪魔的諸力への恐怖を掻き立てた。そしてこの新たな未知の土地には悪魔が生息し活動していると宣言する聖職者は、その事態をいたずらに悪化させるだけだった。邪術の活動は至る所にある。そして「魔女術は地方のコミュニティの生活の中に、依然として存在していた」とジョン・デモは『サタンの歓待：初期ニュー・イングランドの魔女術と文化』（*Entertaining Satan: Witchcraft and the Culture of Early New England*）で述べている。「裁判は通常、何ヶ月、何年もの準備によって進められる。その間、疑念は高まり、

広まり、噂は噂を呼び、告発者と被告人の関係は徐々に悪化する」。時に、復讐は忘れた頃が一番効く。

ニュー・イングランドで魔女術の罪で処刑された最初の女性は、アリス（もしくはアルス）・ヤング。病弱な夫と共に一六四〇／一年にロンドンからコネティカット州ウィンザーにやって来た。もともとカニング・ウーマンであったたか、あるいはコミュニティが危険視する何らかの治療技術を持っていたと考えられている。彼女が実際には何をやってウィンザーの怒りを買ったのかははっきりしないけれど、ヤングは一六四七年にハートフォードで魔女として吊られた。彼女の娘もアリスで、後に魔女として告発される。三〇年ほど後のことだ。

魔女術はコネティカットの州法に組み込まれ、教会と政府は当初から密接に絡んでいた。一六四二年のコネティカット州法は前年のマサチューセッツ自由憲章をモデルにしていて、魔女術に関する規定が含まれている。それは聖書の三つの節に基づいていて、その一つが「魔術をつかふ女を生しおくべからず」。この法律を実施するために、イングランドで書かれた法律書が持ち込まれ、参考書とされた。ランカシャー魔女裁判が終って四年後に出版されたマイケル・ダルトンの『国家の正義』（*Countrey Justice*）は、ニュー・イングランドの裁判所にとって重要な道具となった。「ダルトンの著書は、大陸で先に出ていた『魔女への鉄槌』の第三部のように機能するようになった」とロスは言う。

ハートフォードで魔女術の罪で吊られた二人目の人は、性的に逸脱した魔女のあらゆる印を備えている――そしてかの有名な清教徒の牧師コットン・マザーをして、著書『アメリカにおけるキリストの大いなる御業』(*Magnalia Christi Americana*)で言及するに相応しいと見做された。

メアリ・ジョンソンは未婚の女中で、主人の家のものを窃盗したとして告発され、鞭打ちの刑を受けた。その後、メアリは魔女術の告発を受け、悪魔の寵愛を得ていると自供した。ある日、主人の煙突の煤掃除をサボったことを咎められたとき、悪魔が出現して掃除を手伝ってくれたのだという。主人の豚の世話を命じられた時も、悪魔が手伝ってくれた。メアリはまた「子供殺し」を自供し、「男たちや悪魔との不貞」の罪も認めた。メアリ・ジョンソンは首に縄を巻かれる前、獄中での出産を許された。

それ以外にも、ただ単にあまりにも苛酷な環境の下で生きようとしただけで罰せられた女たちの恐ろしい話を聞いた。だけど家父長制的なピューリタニズムの下では、このような女たちはコミュニティの服従と信心を強化するためのちょうど良いスケープゴートにされてしまう。講義も終盤になると、さまざまな名前や質問が綺羅星のように浮かんだ。ロシェル・A・スタックハウス師が説教壇に上がると、室内が静まり返った。彼はこれから、魔女狩りの遺産についての感動的な説教をするのだ。

『詩篇』四三章を引いて、スタックハウスはこの儀式の計画において「真実を語ることの必要

性」を確言した。彼女は現代における迫害と、この国のあらゆる者があらゆる迫害を止めるためにできる限りのことをする必要がある、と語った（私はこの教会に近づいて来たとき、そこにレインボー・フラッグがあるのに気づいていた）。師は参加者に、入口扉の近くの籠から黒い石を取って庭へ出るようにと言った。スコットランドの伝統からインスパイアされ、ケルンの石だ。みんなの手で積み上げて、魔女として処刑された際にここに埋葬することを許されなかった人々の記念とするのだ。「私たちは、彼らが私たちの聖なる地で休むことを許します」とスタックハウスは告げた。小さな集団は厳粛に列を組んで庭へ出た。植物の間の一画にゆっくりと石を積み上げていく。それから、目を閉じて、それぞれの聖なるものに祈るように言われた。師の声は豊かで明瞭で力強く、かつてこれらの女性たちを迫害した教会の罪と過ちの許しを乞うた。「私たちは祖先の損失を悼みます」と彼女は朗唱した。みんなうっとりと祈っている。そして今日、かつての「魔女」たちと同じ立場にある人々の他者化・迫害から守るだけの強さを持って下さい、と言った。「私たちの社会は、人々を〈他者〉として迫害することに長けています」と師は言った。そしてもう一度、「全ての人を理解し、結びつくことを求めて下さい」と懇願した。

告発された一一人の魔女たちの名前が読まれた。私は涙が流れ落ちないように、目をぎゅっと閉じた。空気は「アーメン」「ブレスト・ビー」で震え、集団は午後の陽射しの下に解散した。

教会の隣、エインシャント・ベリイング・グラウンドの前に、告発された人々の痕跡を見つけた。

ハートフォード最古の墓地は金と緋と緑の葉で覆われていた。すぐ近くでサミュエル・ストーン師――コネティカット魔女裁判で中心的な役割を果たした人物――の像を囲む煉瓦に碑文が書かれていた。その一つは「アルス・ヤング、CT、一六四七年五月二六日魔女として吊らる」。その近くには「メアリ・バーンズ、一六六二／三、魔女術の罪にて吊らる」。

私は恐る恐る、エインシャント・ベリイング・グラウンドへ足を踏み入れた。古い墓石に刻まれた有翼の頭蓋骨が、上下の鮮烈な色彩と鋭いコントラストを成している。私はかつての魔女の告発者、聖職者、下級判事らの墓を訪ねた――魔女裁判の関係者の中で、最後の休息所を賜る栄誉を得た者たちだ。記念公園を通り過ぎる時、コネティカットのあちこちで現在行なわれている他の魔女狩りの追想について語る参加者の声を小耳に挟んだ。

錬鉄のフェンス越しに、黒いケルンの石でできた小さなピラミッドが見えた。先ほど私たちが積んだものだ。落ち葉が既にその一部を覆い隠している。だけど、コネティカットの魔女狩りの歴史ほどには隠されてはいない。

遠い昔に死んだ一一人を讃えることを批判するのは簡単だ。何しろ合衆国では今も、たくさんの人が苦しみ続けているのだから。宗教指導者や政治家たちから標的にされて。だけど、長く忘れられてきたキリスト教徒たちに向けられた師の気遣いは感動的だった。魔女こそが、最終的に異教徒とキリスト教徒を儀式と祈りで和解させる存在かもしれない、と考えたのだ。

魔女の街のハロウィン

マサチューセッツ州セイラム

主の婢は自らを、悪魔の婢と区別する。
——コットン・マザー

悪魔の夜、セイラムはゴーストタウンだった。暗闇の中、セイラム・コモンのずぶ濡れの地面を行く。人っ子一人いない。道の向うの大邸宅の窓から、燃える炎のような赤い光。セイラム魔女博物館はすぐ隣の夜空に傾ぎ、その色を青と緑と紫に変える。孤独な男が現れ、ぐるぐるとよろめきながら近づいて来る。大酒食らってるか、たぶん儀式に酔ってるのか。傘を盾みたいに構える。どっか行ってよ。男は不快な沈黙を保ったままよろよろとまとわりついた後、公園の深遠のような境界へと消えた。

ちょうどその時、コモンの中央の見晴し台で動きがあった。祭服の男が、私服の女の上にそびえ立つ。何かの神聖な儀式の最中みたいに、男が女を何か恐ろしいものの中へ参加させようとしてい

るように見える。少なくとも、この見知らぬ二人を通り過ぎる時に私の想像力にそれが浮かんだ。半球形の壇の中で、彼らは不吉な彫像となった。祭服の男が両手で女の顔を掴み、接吻する。不気味なくらいゆっくりと。周囲でこの奇妙な光景を見ているのは、この私ただ一人。
濃い霧が樹々に絡まる。明日のハロウィンを待つカーニヴァルのブースは雨に濡れてすべすべしている。頭上のストリング・ライトの輝きが、風に揺らぐオレンジとイエローの葉に溶ける。ここまで見てきた時点で、街はほぼ無人。セイラムの不吉な伝説が私に迫ってきた。だけど超自然の悪だとか森の中のサタンの甘い抱擁の誘惑なんて恐くはない。その夜、私が自分のAirbnbへと急いでいたのは、権力に酔い痴れていたり、単なる酔っ払いだったりの、ごく普通の男たちの脅威だった。数世紀前、彼らはセイラムで真に危険だった。結局のところ、魔女狩りの最も恐ろしい部分が悪魔とその眷族に関するファンタスティックな伝承だったことなんて未だかつて一度もない。男たちのふるう悪こそがそれなのだ。

翌朝、雨は波状攻撃に出た。枝々はスコールの中で逆向きに曲がった。自然の叫びにも関わらず、セイラムはその最も神聖《ハロウド》な日のために命を吹き返した。

ハロウィンのルーツはヨーロッパの燃えるような収穫祭にある。例えばサムハイン、ケルトの「夏の終り」の祝祭で、冷たく暗い半年に備える死と再生の時だ。サムハインは生者と死者を隔てるもの――ヴェール――が一番薄くなる時だと考えられている。現代のペイガンにとっても、それはもはや私たちと共にいない者を讃える時で（カトリックの万聖節や万霊節もだいたい同じ頃）、多くの実践者が祖先に献げ物をする――メキシコの伝統を受け継ぐ者が死者の日《ディア・デ・ロス・ムエルトス》に行なうように。

ハロウィンには、ものごとは見かけ通りにならない。私たちの仮面はもっと見えやすくなり、私たちはもっと自分自身を曝け出す――文字通りにも、比喩的にも――自分で選ぶコスチュームを通じて。二四時間の間、アイデンティティは混乱したカテゴリになる。親しい人たちが認識できなくなる。見知らぬ人が親友となる。このカーニヴァレスクな雰囲気はセイラムでは高まる一方で、至るところに潜在的な恐怖を、家ではやらないような禁断のエネルギーを流す選択肢を配置する。

秋のこの移行の時期を祝う神聖な、そして世俗的なやり方についての夢想に囚われた私は、膨れ上がっていく群衆から逃れるために、脇道に身を隠した。今は午後、湿気が酷くて、どこかで煙霧機がぶっ壊れたみたい。牙を生やしたピエロ、三人組のドラァグ・クィーンのホーカス・ポーカス、竹馬を履いたジャック・スケリントンを危うくかわすと、小さな黒猫の仲間になっていた。オールド・タウン・ホールの煉瓦のファサードに身を寄せている。

彼女は境域の動物だ。猫はみんなそう。女神の仲間にだって、超自然の領分の悪魔的なスターに

だって、簡単になれる。ティテュバは自供した、一六九二年に出逢った黒猫は「我に仕えよ」と言った、と。

この訪問者に魅了された私は、彼女に付いて行くことにした。エセックス・ストリートの丸石をとことこと歩いて行く。空中にくねる尾は催眠術のペンデュラムとなって、私を空想の過去へと誘う。そして結局、通りを進んでシーフード・レストランの前で止った――猫にとってはおかしくもない食事――だけど、垂直になった彼女の瞳が閃くと、私たちはどこか別の場所に――というか、別の時間にいた。

至るところに林檎の樹。摘み取られなかった実が地面に散らばっている。その実を守る皮は虫や小動物によって剥ぎ取られ、茶色くなった果肉を外界に曝している。一人の人物が果樹園を通って、木造の家に戻る。きびきびした足取りで。中から音がする、皿が割れる。男が叫ぶ、「ブリジット!」。女の叫びが梁にこだまする、肉と肉とがぶつかり合う音と共に。彼女は外に逃げる、顔は流血している。

猫が誘う、見てと。私のふくらはぎに爪を立てて、その場に引き留める。すぐに季節は巡り、樹々は色褪せ、ブリジットの家を囲む伸びた枝に雪が降り積もる頃には、彼女の顔は青、緑、そして紫になっていた。家の中の音は続いていて、近隣住民が訴える度に、ブリジットは法廷に出入りすることとなった。彼は彼女を殴り、彼女は殴り返す。殴られる度に、彼女は彼を「老悪魔《オールド・デヴィル》」と

ののしり、そして結局、またしても下品な言葉を使った罪で裁判沙汰となった。結果、猿ぐつわを嵌められて街の広場に座らされ、忌まわしき罪を記した紙を額に貼られた。それから、とある夏に争いは終った。

私は黙って葬儀の準備をするブリジットを見た。彼の暴力の痕跡を、家の中から残らず擦り落している。彼の土地と家畜は彼女のものとなったけれども、支払わなきゃならない借金もあった。それにこの新しい財産を楽しむ時間はほとんどなかった。すぐに彼女は魔女術の告発を受けたのだ。亡霊のような黒猫に変身したと。後には窃盗罪で告発された。証拠がなくて無罪になったけれど、今度は異端の嫌疑を受けた。

収穫の時が来て、去って、またやって来た。僅か数年後、ブリジットはまたもや法廷にいた。今や樵夫と再婚していた彼女は、アビゲイル・ウィリアムズ、マーシー・ルイス、エリザベス・ハバード、メアリ・ウォルコット、そしてアン・パトナム・ジュニアに魔法をかけたとして告発された。この若い少女たちは、目に見えない邪悪なものに苦しめられ、恐怖のあまり発作を起していた。悪魔憑き？　転換障害？　力の誇示によるちんけな復讐？　何にせよ、魔女術の仕業とされ、ブリジット・ビショップが容疑者となった。

私は通りの中程に突っ立っている。周囲を行き交う群衆なんて眼中にない。見えているのは、お馴染みの古い法廷に立つブリジット。彼女の人生なんて一顧だにしなかった街との決着を付けるた

めに、二階に上る。証人が次から次へと出て来て、ビショップに不利な証言をする。やれ悪魔の書への署名を強制されただの、鍬で子供を殴っただの、自宅の壁の中からピンの刺さった人形が出て来ただの。そして彼らは、彼女が最初の夫を殺したと言った。彼らは彼女の震える身体を調べて、「不自然な乳首」を見つけた。「私は何も知りません。魔女については潔白です。魔女が何なのかも知りません」と彼女は辛うじて言った。だけど、二度目の検査で先の「乳首」が発見できなかったにも関わらず、彼女は執行人の輪縄の最初の犠牲者となった。

コスプレしている観光客の集団に、現在に引き戻された。きゃっきゃきゃっきゃしたり、叫んだりしている。猫は私の踵の幻の痒みとなった。裁判所はもうない、ブリジットもいない。ただ、彼女の裁判を再演する演劇——*Cry Innocent*——が間もなく始まる。彼女の果樹園があったところから数歩の場所で。

セイラムのハロウィンは、最高の魔女ツーリズムだ。他のどんな時季にこの街を訪ねても、こんな感覚は味わえない。地元の家や店舗の窓に灯され、あなたに流し目を送るジャック＝オ＝ランタン、シャットダウンされてコスプレの歓楽客に占拠された街路、そして『奥様は魔女』の像の前で、

群衆に紛れて抗議し改宗を迫る怒り狂ったキリスト教徒。石畳にそってひょいひょい動く魔女帽被った頭の数は指数関数的に増えて、魔女術の店に群れ成す見物客や物見遊山の素人衆もほとんど入り切れていない。彼らは彼らで、魔術書やキャンドルやオイルや可燃物を適当に見繕って、魔女術も混ぜて、自分たちだけの祝祭を祝う。

年間を通じて人々をセイラムに惹き付けるのは、超自然的・歴史的伝承の訳の判らない混合物だ。数多の博物館、ツアー、演劇、商品が、このアンビヴァレンスを反映している。誤情報も溢れている――話が魔女となると、よくあることだけど――だから「魔女の街」は西洋文化が魔女と魔女術に関する概念を合成し混乱する仕方の小宇宙になっている。

セイラムは一六九二年の、北アメリカで最も悪名高い魔女狩りの地だけれど、狩られた「魔女」というのは単に、謎の病気、コミュニティ間のいさかい、ピューリタンの狂信、破綻した法執行システムに駆り立てられた熱狂の犠牲となった男女に過ぎない。これら全ての背景にあったものは？物質的・霊的なおぞましい闇。

「孤立した集落で、煙たい火に照らされた家で、ニューイングランド人はまさしく闇の中に住んでいた」とステイシー・シフは『ザ・ニューヨーカー』誌でセイラムを語っている。「そこでは人は入念に聴き、この上なく情熱的に感じ、そしてこの上なく鮮明に想像する。そこでは、恐怖とオカルトが繁茂する」。

一六九一年から一六九二年に掛けての凍てつく冬、サミュエル・パリス師の家に住む思春期前の二人の少女が、不可解な病の徴候を見せ始めた、と言うか、むしろ「発作」を起した。ある時には、二人は死んだように静かになる――人事不省に陥って――それから突然、荒々しく泣き叫び、喚く。あたかも、見えない何かにつねられ、噛みつかれているかのように。度重なる検査の結果、師の娘と姪、エリザベス・パリスとアビゲイル・ウィリアムズは呪いをかけられたと診断された。

セイラム村一円で、同じ症状を呈する少女たちの数は増加の一途を辿った。最初に告発されたのは、サラ・グッド、サラ・オズボーン、そしてティテュバの三名。グッドは乞食で、無法で攻撃的な話しぶりで知られていた。オズボーンはほとんど教会にも参列しない宿無しで、ティテュバはパリス師がバルバドスから連れてきた奴隷女だった。尋問により――そして恐らく身体的暴力により――ティテュバは悪魔と会ったことを自供し、グッドとオズボーンは魔女で、それ以外にも多数がセイラムに潜んでいる、と言った。

病に悩む告発者の数が増えると、告発される魔女の数も増えた。街は大混乱に陥ったので、本件の監視のためにセイラム村にオイヤー&ターミナー裁判所が設置され、本来の手続は放棄され始めた。「セイラムでは、ニューイングランド法廷の証言基準は当面、放棄された」とロバート・W・サーストンは『ラウトレッジ版魔女術の歴史』（*The Routledge History of Witchcraft*）で説明している。「善良な人々に対する悪の諸力による陰謀が進行中であるという強い感覚のためである」。

「霊的証拠」に基づいて、何十人もの人が魔女術の罪で告発された――ブリジット・ビショップを含めて。憑依された少女たちは、ブリジットが亡霊を送り込んで攻撃させた、と非難した。また隣人の男は、ビショップが真夜中に生霊を飛ばして自分を苦しめたと告発した。少女たちはまた、老婆レベッカ・ナースが霊を送り込んで自分たちを苦しめ、「悪魔の書に署名するよう促した」と告発した。「ナースもまた後に有罪判決を受け、絞首刑となった。マーサ・キャリアもまた同様の運命となった。同じ憑依された少女たちから、生霊を飛ばして苦しめたと告発されたのだ（少女たちはまた、キャリアが悪魔から「おまえを地獄の女王にしてやる」と告げられた、と証言した――本当にとんでもない地位だ）。

ヨーロッパと同じく、セイラムで告発された人々は圧倒的に女性だった。「清教徒の信仰が、出現しつつあった経済システムの失敗の責任を女性に負わせることを容易にした」とキャロル・F・カールセンは『女性の姿をした悪魔：植民地時代のニューイングランドにおける魔女術』（*The Devil in the Shape of a Woman: Witchcraft in Colonial New England*）で説いている。彼女によれば、ピューリタンの聖職者は長年の間、「もしも厄介事の責を誰かが負わねばならないのなら、それはエヴァの娘たちである」という観念を育んで来た。

それ以外にも、セイラムには旧世界の魔女狩りの反映がある。イングランド人マイケル・ダルトンの『国家の正義』が東海岸一円で使われていて、この法律マニュアルによれば、魔女術の事例で

は被害者もしくは被呪者――子供も含む――の証言も証拠能力のある証拠であると見做された。このマニュアルの中でダルトンは、九歳のジェネット・デヴァイスの証言を、モールキン・タワーに関して権力者に真実を伝えた例として引用している。

セイラム裁判に助言を与え、この主題に関する多数の説教や出版物を生み出したピューリタンの裁判官コットン・マザーもまた、ランカシャー生まれの祖父がいた。マザーは幼少期にペンドル魔女裁判について聞かされていて、『不可視の世界の驚異』（*The Wonders of the Invisible World*）の中でその件と本件とを比較している。マザーは、セイラムにおいて魔女術の罪で吊られた数少ない男性の一人である牧師ジョージ・バロウズについて精査し、次のように述べる。「ランカシャーの魔女が有罪判決を受けた時、被呪者の証言、および自供した者の証言以上の証拠があったか否か、私は憶えていない」。ランカシャーと同様、マサチューセッツ州の法体系の下では拷問は厳密には合法ではなかったけれど、監獄の酷い状況や被告人に対して用いられた酷薄な尋問方法は非常に疑わしい（これに関しては、ウィッチ・ダンジョン博物館に行くと良く判る）。

一六九二年の終りに総督ウィリアム・フィップスが強制的にこの狂躁を終結させるまでに一五〇人以上が告発され、何十人もが裁判を受けた。一四人の女性、五人の男性、二匹の犬が吊され、一人の男が重石による拷問中に死亡した。その他、少数の者が獄死した。その後数年の内に、裁判官であり、本件の陪審員であるパリス師は、裁判の結果に深い後悔を表明する。それはセイラムにお

ける最大の恥辱となった。
セイラム魔女裁判終結後、数世紀にわたって作家も哲学者も、芸術家も政治家も、自分自身の目的のためにこの物語を剽窃した――最も悪名高いのは、アーサー・ミラーだ。彼の一九五三年の戯曲『るつぼ』はセイラムで起ったことの翻案で、歴史的に正確でもないし、冷戦期のマッカーシズムへの批判として理解されるべきものだ。ミラーとその同類が歴史を歪曲して偉大な芸術を生み出すのに汲々としているのに対して、学者たちはセイラムの魔女狩りの正確な動機を発見しようと懸命だ。ステイシー・シフは『魔女：セイラム・一六九二年』(*The Witches: Salem, 1692*) で、歴史家たちが提唱してきた魔女狩りの原因の長いリストを列挙している。いわく――

世代的、性的、経済的、宗教的、階級的対立。イングランドから持ち込まれた宗教的悪意。食料汚染。寒冷な気候下の温室的宗教。ティーンエイジのヒステリー。詐欺、税金、陰謀。政治の不安定。インディアン襲撃のトラウマ。そして魔女術それ自体。

一六九二年に正確には何が起ったのか、学者たちの意見は未だに一致していない。ロバート・W・サーストンは、セイラムのヒステリーは「何をおいても、恐慌状態の最中の証拠という問題だったのだ。広範な思想や経済発展の動向がセイラムの魔女狩りを生みだしたわけではない」と示

唆している。そうは言っても、彼はインディアンの襲撃や、初期近代の社会におけるセクシズム、それに加えてその地方独自の問題が「サタンが暗躍しているという疑念を先鋭化させた」とも認識している。

他の人たちも、このニューイングランド最大の惨禍について、次々と新解釈を提供し続けている。セイラムは、魔女たちの身体が取り返しがつかないほど政治化された北アメリカの場所だ。セイラムのお陰で「魔女狩り」は現代の合衆国においても、強力な政治的焼夷弾——そしてしばしば誤用されるメタファー——であり続けている。セイラム魔女裁判に関して、誰もが納得できる唯一の物語が存在しないという事実は苛立たしいけれど、お陰でそれは永遠に魅力的なものとなった。それがセイラムの魅力。セイラム、それは歴史、神話、魔女術、謎の沼に嵌り込むことに夢中になっている旅行者に愛される目的地。

店や博物館や記念碑をひたすら見て回り、セイラムを理解しようとした。エセックス・ストリートの建物には、幽霊に魔女、ジャック＝オ＝ランタンが、あらゆるガラスの開口部から外を凝視している。傘の下で首を曲げて、全身コスプレをした私は『キャッツ』の悪魔的なコーラスのメン

バー。ああ、何でも良いからヘアドライヤーが要るわ。セイラムの過去を発掘する本、チャーミングなものからちょっとあり得ないくらい不快なものまで、ありとあらゆる魔女っぽい商品の前を通る度に、ありとあらゆる方向に水滴が飛び散る（ジャイルズ・コリーの圧殺をネタにした「セイラムで重石を」とプリントされたTシャツにはさすがに引いた）。その近くに、ホーソーン対ポーの看板がウィンドウにあった。セイラム最大の小説家と、怪奇小説の巨匠を対決させている（ナサニエル・ホーソーンの小説で有名になった「七破風の家」は、今も必見の不気味な物件）。また、箒に乗った魔女が描かれた普通のインフラ——パトカーとか、給水塔とか——にも同様に惹かれた。それぞれが独自に見るべきものへと変容している。

セイラムの陰鬱な面もまた圧倒的だ。吊られたり拷問死した人の記念碑がセイラムのベリイング・ポイント墓地の隣にある。二〇基のベンチに取り囲まれて、犠牲者一人一人に捧げられている。犠牲者の中には、最後の言葉の一部が、入場時に足の下にある石に刻まれている人もいる。彼らが消されたことを示すメタファーだ。クルマで一〇分も行くと、処刑台のあったプロクターズ・レッジ。ここにもまた二〇一六年に、ここで吊られた人のための記念碑が建てられた。真っ直ぐ北西に向かうと、セイラム村集会所跡地（多くの取り調べが行なわれた）の向かいに〈魔女術犠牲者の碑〉と、レベッカ・ナース・ホームステッド。どちらも、旧セイラム村だったダンヴァーズにある。後者には一八八五年の碑があって——たぶん、最初のセイラム魔女裁判のアトラクション——ナース

の死の遙か後に、彼女を讃えるために建てられたものだ。

じゃあ、魔女術はどうなってる？　だって今のセイラムは、単に殺人や迫害やお化け屋敷の幽霊だけの場所じゃない。たくさんの実践魔女たちのホームでもあるのだ。

一九七〇年代、ＴＶに出て来る中でも一番ハツラツとして、ブロンドで、優しい魔女であるサマンサ・スティーヴンズは、『奥様は魔女』の幾つかのエピソードで、とんがり帽子をここに掛けていた（だからその像はエセックスとワシントンの交差点にある）。だけど、セイラムの魔女術復興に火を点けたのは、「セイラムの公式魔女」ローリー・カボットだ。一九七一年に彼女は最初の魔女術ショップを開いた。それから五〇年後、セイラムは魔女の歴史と同じくらい、魔女術で溢れ返っている。年に一度の〈サイキック・フェア＆ウィッチズ・マーケット〉、〈死者の祭〉、〈ウィッチズ・ボール〉、〈セイラム夜市〉、それから、壮観ともいえるほどの魔女ショップでは、ありとあらゆる種類の本、サービス、教室が提供されている。店舗の中には、あからさまにセイラムの過去を引用しているものもある――〈ヘックス：オールド・ワールド・ウィッチャリー〉は、ブリジット・ビショップの人形を売っている。また、それとなく触れているところも――〈ハウス・ウィッチ〉は社会正義と魔女術との交差を、フェミニスト向けの商品と横断的魔術のワークショップの中に活用している。

夜の帳が下りると、ハロウィンはセイラム全域で熱狂の極限に達する。空は黒い紫、人々は誇ら

しげに血を滴らせ、鬘を被り、ペンタグラムを身に着ける。私は群衆恐怖症を押しのけて、全力で嵐の中に踏み出し、ウォーキング・ツアーに出掛ける覚悟を決めた。

セイラムのあらゆるアトラクションがそうだけれど、あまりにもたくさんのオプションがあって、選ぶべきものを知るのは本当に難しい――けれども、いつだって健全な懐疑主義こそが正しいスタート地点。ツアーの選択にも、同じように懐疑主義で武装した。で、〈サタニック・セイラム・ウォーキング・ツアー〉。ベテランのツアーガイドであり、実践魔女であり、歴史家でもあるトーマス・オブライエン・ヴェイラーの構成・引率によるこのツアーは、サタニック・テンプルと提携して、現実と想像のセイラムへとあなたを招待してくれる。機知に溢れて不作法で、歴史的に精確な〈サタニック・セイラム〉は、魔女裁判と今の私たちの政治状況の重要な類似の一切合切を浮彫にする。

大混雑の街中を占拠しているコスプレの呑兵衛たちに囲まれて足速に動きながら、私たちはセイラムの過去と現在を学んだ。セイラムの遺産から生み出された最高の芸術や文芸のように、〈サタニック・セイラム・ウォーキング・ツアー〉はキリスト教原理主義と野放しの政治権力が持つ潜在的な破壊力を曝け出した（それにまた、現在の活動家、フェミニスト、サタニスト、過激派、反逆者たちが、今の社会悪に反撃するためのたくさんの方法も強調している）。移動中に、ヴェイラーはこちらがたじたじとなるような名言を吐く。「われわれは〈ヒステリーの街〉と呼ばれるべきなんだ。〈魔女の街〉ではなく」とか、「ピューリタンはキリスト教におけるタリバンだった」とか。季節外れ

の暖かい夜に、霧が亡霊のように掛かっている。グループは歩き続け、風の殴打で私の髪はホワイトスネイクのMV並の高さにまで逆巻く。

二時間半後、ウォーキング・ツアーはオールド・タウン・ホールの近くで終った。私たちのガイドは、グループが訊ねたさまざまな質問——魔女術について（全ての魔女がウィッカンじゃないから！）、サタニズムについて（もう悪魔崇拝じゃないんだよ、小僧ども！）、それに地元の輸送手段について（ハロウィンにUberて、嘘やろ？）——に喜んで答えてくれた後、仰々しく夜闇に消えた。街路はまだ賑わっていて、酒と幻覚に酔うサイケデリックな会衆で溢れ返っている。ハロウィンはまだまだセイラムを制している。

街の外れに向かいながら、死者たちのことを考えた。この祝日は、彼らを思い起こすものとされている。だけどそのためのやり方は、「魔女の街」で受け入れられ、歪められてきた。もう何度も訪れているけれど、セイラムはいつだって手の届かないところにある。お化けのテーマパーク？　魔女っぽくてイカれた産業複合体？　文化的記憶の聖地？　チャーミングなニューイングランドの街？　その全てだ——だけどそれだけじゃない。重苦しい歴史のある都市がおしなべてそうであるように、セイラムもまた形を変える。あなたが足を踏み入れた時に、あなたがその住人や公園や街路を歩く時に、あなたの望んだ場所になる。元型的な魔女のように、セイラムは単純なキャラクター化を巧みにかわしていく。

ニューヨーク州ブルックリン

ニューヨークでは、魔女たちはさかえている。魔女フェスティヴァルにアート・ショウ、ブーレスク・ナイト、ストリート・フェアなんかが、ニューヨーク・シティでは毎月のように開催される。イサカのコーネル大学図書館には、丸ごと魔女術関連の本ばかり集めたコレクションもある。魔女ショップはキングストンにも、オールバニにも、シラキュースにも、バッファローにも、どこにでもある。

ニューヨーク州は昔から秘教実践の本場で、一九世紀半ばのニューヨーク西部および中央部の「バーンド=オーヴァー・ディストリクト」では心霊主義が産声を上げた。その数十年後、女性参政権運動が同じ地域で基盤を固めつつある頃、マティルダ・ジョスリン・ゲイジは、そのアクティヴィズムの中で魔女の名誉回復を求めた最初のフェミニストで、一八九三年に『女性、教会、国家』（*Woman, Church and State*）を上梓している。

六〇年代初頭、イングランドでジェラルド・ガードナーと共に研究を重ねたレイモンド・バッ

クランドが、ロングアイランドにウィッカを持ち込み、その過程で数え切れないほどのアメリカ人魔女を生み出した――そしてベイショアに〈第一魔術&魔女術博物館〉を開設した。それから一九六八年、ニューヨーク・シティは魔女にインスパイアされたゲリラ的演劇活動家集団WITCH（the Women's International Terrorist Conspiracy from Hell）の拠点となった。それから一九七〇年、セントラル・パークは「ウィッチ・イン」の背景となった。

今日では、マンハッタンは市一番の老舗魔女ショップ〈エンチャントメンツ〉を誇っていて、ブルックリンにはカルト・パーティからキャットランドまで、フェミニズムと社会正義を標榜する魔女術ショップやコミュニティ・センターがたくさんある。だけど初期近代は？　魔女なんてほとんどいなかった。

マンハッタンがまだオランダの領土で、ニュー・アムステルダムと呼ばれていた頃、民衆の間に魔女術信仰が盛んだったかどうかは証拠が無い。「オランダ人の本国は、他のどこよりも早く恐慌を脱却していた」とジョージ・リンカーン・バーは『ニューイングランドの魔女裁判の話：一六四八－一七〇六年』（*Narratives of the New England Witchcraft Cases, 1648–1706*）に記している。でもこの植民地がイングランドの統制下に入って、全ては変った。一六六五年、ラルフとメアリ・ホールは、セタウキットで魔女術を行使し、一人の男とその子供を殺したとして告発された。二人はニューヨークのフォート・ジェイムズで巡回裁判に掛けられた（ここには現在、アレクサンダー・ハ

ミルトン合衆国税関がある）。裁判所は典型的なジェンダー・バイアスで、ラルフを「有罪とすべき特段の理由無し」とした一方、メアリに関しては有罪の疑い有りとした。結局、当局は彼女を「処刑すべき特段の理由無し」として二人は釈放された。この件に関してはこれ以上のことは判らない。

一六七〇年、キャサリン・ハリソンが魔女術の罪でハートフォードを追放され、それから新しい住処であるウェストチェスターでまたもや告発されたけれど、無罪となった。だけど近代のニューヨーク州で一番劇的な事例は、一六五七年に遙か遠くのロング・アイランドで起った。当時、イースト・ハンプトンのエリザベス・ガーリックという女性が、若い母親を呪い殺したと告発されたのだ。五〇歳を越え、たぶんユグノーだったガーリックはハーブと治療法の知識を持っていたけれど、コミュニティの中には彼女を胡散臭く思う者もいた（近隣住民は、彼女には使い魔の猫がいて、邪眼を用いて新生児を殺したと報告している）。だから一六歳のエリザベス・ハウエル――街一番の有力者であるライオン・ガーディナーの娘――が死の床で、魔女にやられました、犯人はガーリックおばさんですと叫んでも、驚いた者はほとんどいなかった。ガーリックは裁判のためにハートフォードに送られ、そこでは有罪にはならなかったけれど、夫は保釈金を積んで、彼女が今後善行を続けることを保障しなければならなかった。その後彼女は死ぬまでイースト・ハンプトンで暮らした。

イースト・ハンプトンのサウス・エンド・ベリイング墓地では、今も時折、幽霊ツアーがあって、ガーリック事件を追究する歴史的な墓を巡る。絵のような池に家鴨が浮かんでいて、古い風車が風

雪に曝された墓標を見つめている（ライオン・ガーディナーの中世風の墓は、この辺で一番贅沢なものだ）。近くにはイースト・ハンプトン歴史協会があって、初期近代のロング・アイランドの暮しを深く知りたい人の要望に応えている。

これらの、それとその他少数の孤立した事例を除くと、ニューヨークの魔女遺産は遙かに最近のものだ。私の調査によると、ニューヨーク州に語るべき魔女の記憶は無い――まあ、ブルックリンを除いてはね。

✠

私の魔女狩りの最後の目的地は、故郷。私のアパートからひとっ走り、ブルックリン博物館ではキリスト教家父長制の尊厳を打倒する展示会をやっている。レッド、イエロー、オレンジのピラミッド、渦、ジグザグの形に織られた六枚のバナーの下を通り過ぎ、私は展覧会の開幕を告げるコピーの最初の言葉を小声で読んだ。その部屋の黒く輝く三角形を前にした時、その最後の節が心に引っかかっていた。「そしてその時、あらゆる場所は再びエデンであった……」。

〈ザ・ディナー・パーティ〉は、フェミニスト・アートの創始者ジュディ・シカゴの一九七八年の作品で、三角形のテーブルに三九卓の皿がセッティングしてあり、それぞれが西洋文明における

重要な女性に捧げられている。これらの皿の下には「遺産の床」があって、磁器のタイルに九九九の神話と歴史上の女性の名が書かれている。上の女性たちを支え、考察し、文脈化した人たちだ。まさに牧歌的な集会で、むしろエデン的でもある――少なくとも、追放前の。聖書のエデンは、与えられた以上のものを欲する女たちの場所では決してなかったから。私たちの魔女魔女しい祖先であるエヴァ――あるいはその暗い姉であるリリス――のように、シカゴの作品に含まれる女たちの多くは、その術、思想、行動のせいで悪魔化された。

シカゴは最初、この作品の初期段階ではレオナルド・ダ・ヴィンチの『最後の晩餐』にインスパイアされていた。「レオナルドの作品に登場する人物の数、つまり一三人を二倍にすることを想像した」と彼女は『ザ・ディナー・パーティ：歴史に女性を取り戻す』（*The Dinner Party: Restoring Women to History*）に記している。「この数は魔女団を形成する魔女たちの数だと気づいた。そのことが特に興味深かったのは、男たちが聖なるものだと考えられているのに対して、魔女は女性悪の具現化であると認識されていたことだ」。

三角形の第一の辺は原初の女神や豊饒の女神から、イシュタールやカーリーまでの古代の女神に充てられている。それぞれの卓のセッティングで、陶器の皿のシンボリズムは女陰的で、鮮烈だ。そこに添えられた杯、フォーク、ナイフ、スプーン、ナプキンはこの上なくシンプル。全体として、この作品は女性の力と迫害を聖化し、敬意を払っている――魔女への言及無しには取り組むことの

できない主題だ。第二辺に移ると、聖ブリギッド、トロトゥーラ、クリスティーヌ・ド・ピザンらの卓を通り過ぎた――みんな、本書のための調査の際に名前の挙がった人々だ。

もう既に一〇年以上、エリザベス・A・サックラー・センター・フォー・フェミニスト・アートに常設展示されている〈ザ・ディナー・パーティ〉は文字通り、目の祝祭。作品中での人種とジェンダーの多様性の表現のされ方に当然必要な批判はあったけれど、今もなお信じられないほどの職人技の偉業だ。〈ザ・ディナー・パーティ〉はまた、初期近代の魔女狩りの犠牲者たちの記念に直接関係するものとしては最も有名な芸術作品だ。

『魔女・痴女・フェミニスト』（*Witches, Sluts, Feminists*）を書くために、『魔女を目覚めさせる』（*Waking the Witch*）の著者バム・グロスマンに取材したとき、彼女はこの作品をこう説明してくれた、「聖なる女性性とフェミニストの歴史に捧げられた巨大な祭壇」だと。「過去最高に魔女的な芸術作品の一つ」だと。だけど〈ザ・ディナー・パーティ〉が魔女っぽいのは、そのシンボリズムや、聖なる女性性を讃えていることだけではない。そのテーブルの座の一つを占めている女たちの一人は、告発された魔女なのだ――そしてそれ以外にも多くの名が床に書かれている。

ヒルデガルト・フォン・ビンゲンとクリスティーヌ・ド・ピザンの間にいるのは、ペトロニラ・デ・ミース。シカゴの認識によれば、知られている限り、アイルランドで異端の罪によって火刑台で焼かれた最初の女性。ペトロニラの皿は同時に鐘であり、本であり、釜であり、ブルーとディー

プ・パープルとホワイトの背景にオレンジの火を灯す蝋燭でもある。皿の下に敷かれた刺繍入りのテーブルクロスでは、絡み合うケルトのモティーフが箒を取り巻いている。床の上には、アリス・キットラーの名前が金の草書体で走り書きされている。さらにはジャンヌ・ダルクやゲイリス・ダンカン、アグネス・サンプソン、エリザベス・サザン、アン・レッドファーン、ティテュバやその他一ダースもの名前が。まるで本書の登場人物たちのリストみたい。

私はできる限り長い間、ジュディ・シカゴの仄暗い礼拝堂で過した。守衛がいなければ、ペイガンの聖餐式として全部の杯にワインを注いでいたところ。それから皿の上には柘榴と林檎、マンドレイクとベラドンナを積み重ねて、蛇だの猫の亡霊を召喚して踵の周囲で踊らせて、ここの女たちにもテーブル越しに仲間に入ってもらう。聖なる女性性の愛と、悪魔的な女性性の智慧とをお祝いする。それらは何千年もの間、西洋文明の物語に、魔女と魔女術に、女たちに吹き込まれてきたもの。

帰宅途上、私を暖めてくれたのはファンタジーだった。帰宅前にキャットランド・ブックスに立ち寄る。偶像と献げ物で溢れ返っている祭壇を通り過ぎ、棚から一冊取り出す。私の前を、お香の煙が一筋、揺らめいていく。無意識の書物占い《ビブリオマンシー》で、適当なページを開いて読み始める。

レイヴン・グリマッシの『祖先との交信：霊的ガイド、血統の仲間、輪廻転生のサイクル』（*Communing with the Ancestors: Your Spirit Guides, Bloodline Allies, and the Cycle of Reincarnation*）。この中でグリマッ

シは祖先と場所に関する予言を滔々と語っている（たまたま私が開いた箇所が、まさに私の探していた主題だったけど、驚きでも何でもなかった）。「生ける血の川」という概念を提唱したグリマッシによれば、それはあなたと血族の間に「循環するエネルギーの連携的な流れ」――彼らのＤＮＡからあなたへの――であり、死者から生者へ、そしてまた再び生者から死者へと流れていく。「神秘的な意味において、この〈川〉を辿って祖先はわれわれに会いに来る」と彼は言う。「それは彼らの領域ではないが、われわれが川として想い描く乗物である」。そしてグリマッシは、死者と――そして過去と――繋がる一つの方法は場所を介するものである、と確言し「死者の霊は土地の霊へと変容し、地霊《ゲニウス・ロキ》となることができる」と明らかにする。

私は本を棚に戻し、グリマッシの言葉を頭の中で反芻した。私たちと過去との血の繋がりは、大陸、文化、時代を超えて流れている。もしも祖先が土地の一部になれるのなら、場所もまた人と同じように私たちの遺産を持つことができるだろう。私は森や山、川、古いオークの樹との出逢いを再演した。教会、崩壊した建物、墓地との出逢いを。これまでの旅の中で、私は祖先が生きた場所に惹き付けられてきた。十分に心を落ち着け、オープンでいるならば、寒くて澄明な日の呼吸の中に、焚火の煙の中に、波の波紋の中に、私は彼らを垣間見ることができた。

「土地の霊を再発見することで、われわれは彼らの近代性に気づかざるを得ない」とクロード・ルクトゥは『悪魔と土地の霊』（*Demons and Spirits of the Land*）で述べている。「彼らはわれわれの祖

先を導き、環境を敬わせた……ならば、繁栄のためにわれわれは地霊の崇敬を続けねばならない」。そして地霊の崇敬によって、私たちは祖先を崇敬することもできる。

私たちは魔法の解けた世界に暮らしている。というか、何世紀にもわたってそう言われてきた。魔術はもはやメインストリームの技術ではない。迷信と宗教は、科学によって懐柔されてきた。だけどリアリティの合理的な境界を越えたいと願う人は、旅することでそれができる。

旅するとき、日常の中に聖なるものを見出すのは簡単だ――風に揺れる枝の中に、街路に響く声に、聖地の空気に。旅するとき、多くのものに霊や魂が宿り、電気が流れて生きているのが感じられる。

「われわれは旅をする。ある者は永遠に、他の状況、他の人生、他の魂を求めて」とアナイス・ニンは言う。そして旅の言語が魔術の言語なのは偶然でも何でもない。それは探求者に、気まぐれと意志だけを通じて、異世界への道を拓かせる。

何世紀も前、魔女たちは大志を抱いたジェットセッターだった。魔女以外の誰が、一つの場所から次の場所へ飛び、街も田舎も、森も山頂も自由に渡ることができただろうか――あるいは、床を出ることもなく、同じように遠く広く冒険することができただろうか？　今、旅は現代魔術の一つの形、元型的魔女の力に参入する潜在的な方法だ。

もしも旅が魔術になるなら、それはまた魔女術にもなる。何故なら旅は、知覚をシフトさせ、繋

がりを作り、リアリティそのものを変容させる実践でもあるからだ。この魔法のレンズを透して旅を見れば、旅と旅人の両方にラディカルな潜在力が吹き込まれる。そして私たちが、私たちの潜在力を用いて何をやるかが大事なのだ。ある意味、旅は私たちみんなを魔女にする。旅を再魔術化することで、私たちはいつの間にか、この世界を再魔術化することになるかもしれない。